国家古籍整理出版专项经费资助项目

中国禅宗典籍丛刊

临济录

[唐] 慧 然 集
杨曾文 编校

中州古籍出版社
·郑州·

图书在版编目（CIP）数据

临济录 /（唐）慧然集 ；杨曾文编校． —郑州：中州古籍出版社，2001．10（2022．7重印）

（中国禅宗典籍丛刊）

ISBN 978-7-5348-2015-1

Ⅰ．①临… Ⅱ．①慧…②杨… Ⅲ．禅宗－佛教史－中国－唐代 Ⅳ．① B946.5

中国版本图书馆 CIP 数据核字（2001）第 040929 号

LINJI LU
临济录

策划编辑	卢海山　刘　晓
责任编辑	高雪薇
责任校对	温向苏
美术编辑	曾晶晶

出 版 社	中州古籍出版社（地址：郑州市郑东新区祥盛街27号6层　邮编：450016　电话：0371-65723280）
发行单位	河南省新华书店发行集团有限公司
承印单位	河南省四合印务有限公司
开　　本	890 mm×1240 mm　1/32
印　　张	7.625
字　　数	158 千字
版　　次	2001 年 10 月第 1 版
印　　次	2022 年 7 月第 4 次印刷
定　　价	22.00 元

本书如有印装质量问题，请与出版社调换。

三十八世臨濟義玄禪師

总　序

在中国传统文化中，儒学、佛教和道教鼎足而立，是三个最主要的组成部分。它们在相互排斥的同时又相互吸收，共同丰富和发展了中华民族的文化。

佛教本是从印度传来的外来宗教，然而它在中国这块辽阔丰饶的具有悠久历史文化的国土上传播，经过漫长岁月，已经与中国传统文化和宗教习俗密切结合，演变成中国的民族的主要的宗教。隋唐时期具有民族特色的佛教宗派的创立，标志着佛教中国化历程的基本结束，此后进入中国佛教的持续发展时期。在这些佛教宗派中，天台宗、华严宗和禅宗是最富有民族特色的宗派。在它们的蕴涵深刻哲学思辨内容的教义理论中，有说色空、色心和体用相即的宇宙存在论，有论善恶、净染的心性论，有讲出世不离世间的修行解脱论，有用以沟通色空、色心和体用的"不二"的方法论……这些在中国历史文化，特别是在哲学思想领域都产生过极为深远的影响。研究中国历史文化，研究中国哲学思想都离不开对佛教的考察和研究，这早已成为人们的共识。

禅宗虽奉北魏时期来华的印度僧菩提达摩为初祖，但从历史真实情况考察，实际创立者应是被后世禅宗奉为四祖、五祖的道信（580~651）和弘忍（602~675）。在弘忍去世之后，他的门下形成以神秀（约606~706）及其弟子普寂（651~739）为代表的北宗，以惠能（638~713）及其弟子神会（668或686~760）、行思（？~740）、怀让（677~744）为代表的南宗。在"安史之乱"（755~763）后，北宗逐渐衰微以至湮灭无闻，而南宗则迅速传遍大江南北，日益昌盛，并在唐末五代形成禅门五宗——临济宗、沩仰宗、曹洞宗、云门宗、法眼宗。进入宋代，临济宗又分成杨岐、黄龙二派。两宋是禅宗发展史上的鼎盛时期，它一跃而成为中国佛教宗派中的主流派，在当时社会的各个阶层和文化思想领域都有很大的影响。此后，中国儒、释、道三教日益会通融合，佛教内部各宗也互相融通，禅宗与净土念佛信仰的结合最为密切，以至形成"念佛禅"。

禅宗虽标榜"以心传心，不立文字"，但从实际情况来看，它的文字著述最多，形式也多种多样，其中禅法语录最多。记录惠能言行的语录有《六祖坛经》，记录神会言行的语录有《菩提达摩南宗定是非论》等，此后怀让、马祖、怀海、希运以及禅门五宗的创始人义玄、灵祐和慧寂、良价和本寂、文偃、文益，后世各宗著名禅师几乎都有语录行世。语录有别集，有合集。在语录集子中既有禅师在开堂、上堂、小参、普说等各种场合的说法记录，也有师徒间的答问；有对前人公案的评说——拈古，也有评述这些公案的偈颂——颂古；有代前人回答质询的代语，也有在前人答语之外另作答语的别语；还有书信、法语、序跋、碑铭、题赞、札记、遗表等。在语录中，有贴近当时民众的通俗白话，有含意清丽玄远的诗偈；在语录外，有卷帙浩繁的史传，包括以语录为主的灯史、以记事为主的传记、按编年记述的通史。此外，还有论议、杂著、清规等。这些数量庞大的禅宗文献，无疑是我国宝贵的文化遗产。

我国在20世纪70年代末实行改革开放政策以后，随着社会科学界对宗教研究的深入展开，在对佛教文献的研究和整理、出版方面也取得很大的成绩，为从事佛教研究的人员和社会上广大读者提供了不少经过校订注释的有价值的佛教参考资料。然而在大量佛教文献面前，为了让研究者和读者使用方便，有必要按类别选择其中最重要的文献进行研究和整理，分阶段地做校勘、标点和注释出版。

现在奉献在诸位面前的《中国禅宗典籍丛刊》是一套中国禅宗系列的文献选编，其中收录了中国禅宗的部分重要史书、语录和清规等文献，皆请学者依据较好的版本做了校勘、分段和标点，并且一律改用现在通用的简化字。虽然所收文献的数量不是很大，但在目前公开出版的禅宗著述较少的情况下，这一套丛书的出版一定会给从事佛教禅宗研究和中国哲学、文史研究的学者和广大读者带来不少方便。我们深知此项工作并非轻而易举，希望边工作边改进，谨望读者今后经常给我们提出建议，不吝赐教，以便把这一工作做得更好。

杨曾文
1998年2月9日

前　言

《临济录》，一卷，是记载中国禅宗临济宗创始人临济义玄的简历和禅话的集录。言简意赅，笔调生动。有情真意切的谆谆教诲，有愤慨激昂的嘲讽斥骂，有寓意深刻的巧答妙问，有不着边际的指东划西，有不加修饰的白话，有意境玄丽的偈颂，有时棒打，有时声喝。静心阅读《临济录》，千年之前那位具有强烈的个性而又对禅法见解迥异的义玄禅师仿佛就在我们的面前，对他上堂说法，接引学人，举手投足，音容笑貌，是看得真，听得切的。在禅宗语录中，《临济录》无论从内容还是从语言文字来看，都具有独特的吸引人的魅力。

禅宗的兴起是唐代文化史上的一个重大事件。禅宗的成立虽可追溯到被后世禅宗奉为四祖的道信（580～651）和五祖弘忍（602～675）的时候，但成为中国禅宗主流的是由弘忍弟子慧能（638～713）开创的南宗，而曾在以长安、洛阳为中心的北方广大地区传播的以神秀（约606～706）、普寂（651～739）为代表的北宗逐渐衰微。慧能的弟子中，神会（668或686～760）曾北上与北宗辩论禅法的"是非""邪正"，扩大南宗在北方的影响，在"安史之乱"中因参与主持度僧筹集军饷有功，得到朝廷的支持，有力地推动了南宗的发展。然而成为后世禅宗主体的却是慧能的另两个弟子青原行思（？～740）和南岳怀让（677～744）的法系。从青原的法系形成曹洞宗、云门宗和法眼宗；从南岳的法系形成临济宗、沩仰宗。禅宗在继承以往汉语系佛教思想的同时，又从儒道二家的人性论、本体论中吸取营养，形成自己独特的禅法思想体系，并且建立了适合本派存在和发展的禅寺制度，在社会各个阶层中迅速扩大影响。在禅宗的兴起过程中，曾得到各地军政高官、藩镇势力和士大夫的大力支持。禅宗强调直探心源和自修自悟的教义，生动活泼的参问方式，以及禅僧到各地行脚游方访师问道的做法，都为繁荣唐宋文化生活，丰富中国民族思想文化产生了极为深远的影响。

在禅宗五派当中，只有临济宗形成于北方，并且一直流传到现在，影响也最大。读《临济录》可以发现，在义玄的思想中有三点最为突出：一是要求弟子必须拥有"真正见解"，相信佛在自心，确立自悟的信心；二是将自我之心、精神、灵魂等同于"佛性"，并且加以人格化，称之为"无位真人"、无形无相的"无依道人"，是时刻伴随自我的佛，主张修行不离现实生活，精神达到高度自由就是获得解脱；三是批评传统佛教中的对外在佛、菩萨的说教和程式化的修行方法。

宗教毕竟是社会存在的产物，是它的幻想的反映。禅宗内部从强调佛在自性，"即心是佛"，到临济义玄提出自我的精神就是佛，是禅宗心性论的新的发展。这多少反映了当时人们对超越来自自然（包括身体）、社会的异己力量的局限和束缚的一种追求意识和愿望，也在一定程度上反映了他们当时所能达到的认识水平和理性的思维能力。德国费尔巴哈在对宗教，特别在对基督教的研究中，把宗教的本质归结为人的本质，虽然有它历史的局限性，但能够从"人本"出发来探讨宗教的起源和本质，毕竟是一种巨大进步。他在对人的理性或理智与宗教的关系的论述中，提出：上帝"是对象化了的理智本质"，"是理智之自我意识，是理智对自己的完善性的意识"；"对于理性来说，上帝乃是理性之启示"。又说："理性只能信仰跟理性之本质相一致的上帝；只能信仰这样一位上帝，这位上帝，按品位来说并不低于理性本身，说得更确切一些，这位上帝只是表现了自己的本质而已。"（荣震华译《基督教的本质》第三章《作为理智本质的上帝》，商务印书馆1984年出版，1994年第二次印刷）这些论述，即使对我们今天研究佛教也有启发的意义。在佛教中，代替上帝、神的位置的是佛、菩萨。我们也可以说，佛教的发展，新的佛教理论的提出，是与社会历史的发展，与现实人们的认识和理性思维能力有着密切关系的。从临济宗和其他禅宗派别对大乘佛教心性理论所做的新的解释，不仅可以看到佛教在深入民族化过程中所发生的重要演变，而且也为我们全面了解当时人们的精神世界提供了新的观察窗口。

现存《临济录》有不同的版本。明版《四家语录》所附的《临济录》虽比较接近早期原型，但流传不广。最流行的版本是源自北宋云门宗禅僧宗演重编的刻印本，国内常见的是明版《古尊宿语录》卷四、卷五所载的《临济录》，在内容上已稍有增加。日本《大正藏》卷四十七所载《临济录》是源自元朝大德二年

（1298）的刻本，与宗演本一致。在中国，迄今尚无《临济录》单行本，更无简体字的《临济录》。为便于学术界研究参考和一般读者阅读，现特用简体字将《临济录》校订出版。

本书分三部分：一、《临济录》，以《大正藏》本《临济录》为底本，校之以明版《四家语录》本、《古尊宿语录》本的《临济录》等，对全文进行校订、标点和分段；二、附编（一），是从《祖堂集》、《宋高僧传》和《景德传灯录》等佛教史书中选录的义玄的传记和有关他的禅法的资料，以供读者参考；三、附编（二），发表笔者的研究论文《临济义玄和〈临济录〉》，对义玄的生平、《临济录》的编排结构、义玄的禅法思想做比较全面的介绍。

点校禅宗语录是比较困难的工作，对禅宗语录和偈颂进行解释难度更大。本书的校刊、研究论文当中肯定有不少失误和不足之处，谨望读者发现后不吝赐教。

杨曾文
1998年1月21日于北京南方庄寓所

目 录

临济录

- 临济慧照玄公大宗师语录序 ································ 1
- 临济慧照玄公大宗师语录序 ································ 2
- 临济慧照玄公大宗师语录序 ································ 4
- 镇州临济慧照禅师语录序 ·································· 6
- 镇州临济慧照禅师语录 ···································· 7
  - 勘辨 ·· 35
  - 行录 ·· 43
  - 附录 明藏本《临济录》所增加的部分 ················ 55

附编一

- 临济和尚传 ··· 57
- 唐真定府临济院义玄传 ··································· 61
- 镇州临济义玄禅师传 ····································· 62
  - 附录 （一）《传灯玉英集》卷六《镇州临济义玄禅师》 ·· 66

(二)《景德传灯录》卷二八《镇州临济义玄和尚语》 67

临济义玄禅师略传 69

临济义玄禅师法嗣 71

魏州故禅大德奖公塔碑 76

临济宗旨 80

人天眼目·临济宗(选录) 89

附编二

临济义玄和《临济录》 109

一、河朔三镇和临济宗发源地镇州 110

二、洪州宗的传承者,临济宗的创始人 113

三、临济义玄的主要弟子 153

四、《临济录》的版本和结构 164

五、临济禅法述评 169

主要参考书目 229

临济录

临济慧照玄公大宗师语录序

　　曹溪派列淘涌而流注无穷，南岳岐分巍峨而联绵不尽。云仍曼衍，枝叶滋荣。非止荫覆人天，抑亦光扬祖道。无说之说，须知意不在言；无闻之闻，果信言非有意。此皆理极无喻之道，绪余影响者也。

　　故临济祖师以正法眼，明涅槃心，兴大智大慈，运大机大用。棒头喝下，剿绝凡情，电掣星驰，卒难构副。岂容拟议，那许追思。非唯鸡过新罗，欲使凤趋霄汉，不留朕迹，透脱玄关。令三界迷徒，归一真实际，天下英流，莫不仰瞻。为一宗之祖，理当然也。

　　今总统雪堂禅师乃临济十八代孙，河北江南遍寻是录，偶至余杭，得获是本。如贫得宝，似暗得灯，踊跃欢呼，不胜感激。遂舍长财，绣梓流通，俵施诸刹。此一端奇事，实千载难逢。咦，掷地金声闻四海，定知珠玉价难酬。

　　元贞二年岁次丁未，大都报恩禅寺住持嗣祖林泉老人从伦盥手焚香谨序。

临济慧照玄公大宗师语录序

薄伽梵正法眼藏、涅槃妙心，付摩诃迦叶，是为第一祖。逮二十八祖菩提达磨，提十方三世诸佛密印而来震旦。是时中国始知佛法有教外别传，不立文字，直指人心，见性成佛。厥后优钵罗花于时出现，芬芳馥郁。一华五叶，香风匝地，宝色照天，各放无量光明，辉映大千世界。

其中一大苾刍，为一大事因缘，依栖黄檗山中，三度参请，三度被打。后向高安滩头大愚老师处，始全印证。平生用金刚王宝剑，逢凡杀凡，逢圣杀圣，风行草偃，号令八方。如雪色象王，如金毛师子，踞地哮吼，狐狸野干心破脑裂，百兽见之，无不股栗。如惊涛险崖，壁立万仞，使途中之人其行次，且不敢举足下足，惟恐丧身失命。虽老子钳锤者，见之无不汗下。若夫三玄三要，夺境夺人，金章玉句，如风樯阵马，如迅雷奔霆，凌轹波涛，穿穴险固，破碎阵敌，天回地转，七纵八横，几于截断众流。四海学徒，莫不望风披靡。故门庭峻峭，孤硬难入。盖妙用功夫，不在文字，不离文字，尽大地作一只眼者，乃能识之。末后将正法眼藏，却向瞎驴边灭却。师之出处，具载《传灯》等录，兹不复赘。自兴化奖公而下，子孙云仍，最为繁衍盛大，多大根器人，冠映河岳，腾跃古今，在在处处，法席丛林，化俗谈真，重规叠矩，出广长舌相，为人开堂演法。如慈明圆公、琅琊①觉公，皆大法王、人天师也。

今雪堂大禅师，临济十八代嫡孙，琅玡第十世的派，王臣尊礼，缁素向慕，是亦僧中之龙象尔。不忘祖师恩德，每恨：临济一言一句，一棒一喝，参承咨决，升堂入室语录，未大发明。刻梓流行，用广禅林观听。仍求北山居士郭天锡，为作序引。

呜呼，雪堂老师，行从上祖师难能之事，慎终追远，知恩报恩则不无。将五百年风颠老汉吐下唾团，重新拈出供养，今代衲僧还肯咀嚼么。合浦还珠，固为奇持；冷灰爆豆，亦自不妨。

大德二年八月，前监察御史郭天锡焚香九拜书。

【校注】

① "玡"，原本作"瑯"。"琅玡觉公"是北宋临济宗汾阳善昭的弟子琅玡慧觉。

临济慧照玄公大宗师语录序

窃以黄檗山高，便敢当头捋虎；滹沱岸远，亦能顺水操舟。既露恶毒爪牙，仍显慈悲手段。拦①腮一掌，免烦著齿粘唇；劈肋三拳，可谓倾心吐胆。三玄在手，七事随身，触之则石裂崖崩，拟之则雷轰电掣。门庭孤峻，阃奥宏深，只可望崖，不可趣向。

兹者总统雪堂和尚，悯巴歌唱而和广②，嗟雪曲弹而应稀，语录阙文，丛林罕见，遂乃旁求释子，而再起斯文，欲镂板以广流通，俾参玄而得受用，弘扬祖道，垂裕后昆。棒头喝下，须明石火电光；正案旁提，要顾眉毛鼻孔。其他机缘，备载前录，不劳再举。

噫，临济祖师六传而至汾阳大宗师。汾阳下，杰出六③大尊者：曰慈明圆，曰琅琊觉。

圆传杨④岐会，会传白云端，端传五祖演，演传佛果勤、佛鉴、天目齐。佛果传虎丘隆、大慧杲。虎丘隆传应庵华，华传密庵杰，杰传松源岳，岳传无德通，通传虚舟度，度传径山虎岩伏。天目齐传汝州和，和传竹林宝，宝传竹林安，安传竹林海，海传庆寿璋、白涧一、归云宣。宣传平山亮。白涧一传冲虚昉、懒牧归。庆寿璋传海云大宗师、竹林彝。彝传龙华惠。海云传可庵朗、龙宫玉、颐庵儇。可庵传太傅刘文贞公、庆寿满。龙宫玉传大名海。颐庵传庆寿安。

琅琊觉传渤潭月，月传毗陵真，真传白水白，白传天宁觉，党传慈照纯，纯传郑州宝，宝传竹林藏、庆寿亨、少林鉴。庆寿亨传东平汴、太原⑤昭。少林鉴传法王通，通传安闲觉，觉传南京智、西庵赟。南京智传寿峰湛。西庵赟传雪堂仁。雪堂乃临济十八世孙也。

莫不门庭孤峻，机辩纵横，俱是克家子孙。灯灯续焰，直至如今。可谓源清流长，此之谓也。

雪堂禅师，乃吾三世祖。嘱予⑥为序，率尔书之。脑后见腮，顶门俱眼者，大发一笑。

开泰退堂袭祖第二十世孙五峰普秀斋沐焚香拜书。

【校注】

① "拦"，原作"栏"，于意不通。"拦"此处作介词使用，意为朝着，对准。

② "广"，原作"寡"字。此句的"巴歌"与下句的"雪曲"即为《文选》卷四十五所载宋玉《对楚王问》中的歌名《下里巴人》《阳春白雪》之略。前者为俗曲，"和者数千人"，和者广；后者为高雅之曲，和者不过"数人"而已，和者寡。序文中"巴歌唱而和广"，"雪曲弹而应稀"，应是对仗之句，若按原句则不通。

③ "六"字当为"二"之误，今姑阙疑。汾阳善昭门下枝叶繁盛者，只有慈明楚圆、琅玡觉运二人。

④ "杨"，原作"阳"字。

⑤ "太"，原作"大"字。

⑥ "予"，原作"子"字。

镇州临济慧照禅师语录序

延康殿学士金紫光禄大夫真定府路安抚使兼
马步军都总管兼知成德军府事　马防　撰

黄檗山头，曾遭痛棒。大愚肋下，方解筑拳。饶舌老婆，尿床鬼子。这风颠汉，再捋虎须。岩谷栽松，后人标榜。镬头劚地，几被活埋。肯个后生，驀口自掴。辞焚机案，坐断舌头。不是河南，便归河北。

院临古渡，运济往来。把定要津，壁立万仞。夺人夺境，陶铸仙陀。三要三玄，钤锤衲子。常在家舍，不离途中。无位真人，面门出入。两堂齐喝，宾主历然。照用同时，本无前后。菱花对像，虚谷传声。妙用无方，不留朕迹。拂衣南迈，戾止大名。兴化师承，东堂迎侍。铜瓶铁钵，掩室杜词。松老云闲，旷然自适。面壁未几，密付将终。正法谁传，瞎驴边灭。

圆觉老演，今为流通，点检将来，故无差舛。唯余一喝，尚要商量。具眼禅流，冀无赚举。

宣和庚子中秋日谨序。

镇州临济慧照禅师语录

住三圣嗣法小师　　慧然　集

府主王常侍与诸官请师升座。

师上堂云:"山僧今日,事不获已,曲顺人情,方登此座。若约祖宗门下,称扬大事,直是开口不得,无你①措足处。山僧此日,以常侍坚请,那隐纲宗。还有作家战将,直下展阵开旗么?对众证据看。"

僧问:"如何是佛法大意?"

师便喝。僧礼拜。师云:"这个师僧,却堪持论。"

问:"师唱谁家曲,宗风嗣阿谁?"

师云:"我在黄檗处,三度发问,三度被打。"

僧拟议,师便喝,随后打云:"不可向虚空里钉橛去也。"

有座主问:"三乘十二分教,岂不是明佛性?"

师云:"荒草不曾锄。"

主云:"佛岂赚人也?"

师云:"佛在什么处?"

主无语。师云:"对常侍前,拟瞒②老僧。速退,速退,妨他别人请③问。"

复云:"此日法筵为一大事故,更有问话者么?速致问来。你才开口,早勿交涉也。何以如此?不见释尊云:法离文字,不属因,不在缘故。为你信不及,所以今日葛藤。恐滞常侍与诸官员,瞒他佛性,不如且退。"

喝一喝云:"少信根人,终无了日。久立,珍重。"

【校注】

① "你",原本皆作"尔"。今据明藏本皆改作"你"。
② "瞒",四家录本作"谩",意为欺谩,于意更贴切。
③ "请",原本误作"诸",据明藏本、四家录本改。

师因一日到河北府①。府主王常侍请师升座。

时麻谷出问:"大悲千手眼,那个是正眼?"

师云:"大悲千手眼,那个是正眼?速道,速道!"

麻谷拽师下座。麻谷却坐。师近前云:"不审。"麻谷拟议,师亦拽麻谷下座。师却坐。麻谷便出去。师便下座。

【校注】

① "河北府",原作"河府",柳田本、入矢本、龙珉本因袭未改。明藏本、四家录本皆作"河北府",《天圣广灯录》卷十《临济录》作"河阳府"。据《旧唐书》卷一四二、《新唐书》卷二——和《资治通鉴》的有关记载,在穆宗长庆二年(822)以后,在所谓河北(河朔)三镇中唯有成德军(治所在镇州)节度使姓王。前后任成德军节度使的是王庭凑、其子王元逵、元逵子王绍鼎、王绍懿兄弟、绍鼎子王景崇。临济义玄主要活动于宣宗、懿宗两朝。此时任成德节度使的先后

是王元逵、王绍鼎、王绍懿、王景崇。其中有"检校左散骑常侍"散官头衔的是王绍懿。从宣宗大中十一年至懿宗咸通七年（857～866），有"检校右散骑常侍"头衔的是王景崇。临济语录中常常提到的"王常侍"是王绍懿。"河北府"当即成德军节度使的府治所在地镇州治所真定（今河北正定）。

上堂云："赤肉团上有一无位真人，常从汝等诸人面门出入。未证据者看看。"

时有僧出问："如何是无位真人？"

师下禅床把住云："道，道！"

其僧拟议，师托开云："无位真人是什么干屎橛？"便归方丈。

上堂。有僧出礼拜，师便喝。僧云："老和尚莫探头好。"

师云："你道落在什么处？"

僧便喝。

又有僧问："如何是佛法大意？"

师便喝，僧礼拜。师云："你道好喝也无？"

僧云："草贼大败。"

师云："过在什么处？"

僧云："再犯不容。"

师便喝。

是日，两堂首座相见，同时下喝。僧问师："还有宾主也无？"

师云:"宾主历然。"师云:"大众要会临济宾主句,问取堂中二首座。"便下座。

上堂。僧问:"如何是佛法大意?"
师竖起拂子。僧便喝。师便打。
又僧问:"如何是佛法大意?"
师亦竖起拂子。僧便喝,师亦喝。僧拟议,师便打。
师乃云:"大众,夫为法者不避丧身失命。我二十年在黄檗先师处,三度问佛法的的大意,三度蒙他赐杖,如蒿枝拂着相似。如今更思得一顿棒吃,谁人为我行得?"
时有僧出众云:"某甲行得。"
师拈棒与他。其僧拟接,师便打。

上堂。僧问:"如何是剑刃上事?"
师云:"祸事,祸事!"
僧拟议,师便打。
问:"只如石室行者踏碓,忘却移脚,向什么处去?"
师云:"没溺深泉。"
师乃云:"但有来者,不亏欠伊,总识伊来处。若与么来,恰似失却;不与么来,无绳自缚。一切时中,莫乱斟酌。会与不会,都来是错。分明与么道,一任天下人贬剥。久立,珍重。"

上堂云："一人在孤峰顶上，无出身之路。一人在十字街头，亦无向背。那个在前？那个在后？不作维摩诘，不作傅大师。珍重。"

上堂云："有一人论劫在途中，不离家舍。有一人离家舍，不在途中。那个合受人天供养。"便下座。

上堂。僧问："如何是第一句？"
师云："三要印开朱点侧，未容拟议主宾分。"
问："如何是第二句？"
师云："妙解岂容无著问，沤和争负截流机。"
问："如何是第三句？"
师云："看取棚头弄傀儡，抽牵都借里头①人。"
师又云："一句语须具三玄门，一玄门须具三要，有权有用。汝等诸人，作么生会？"下座。

【校注】
① "借里头"，原本作"来里有"三字，据明藏本改。

师晚参示众云："有时夺人不夺境，有时夺境不夺人，有时人境俱夺，有时人境俱不夺。"
时有僧问："如何是夺人不夺境？"
师云："煦日发生铺地锦，婴孩垂发白如丝。"
僧云："如何是夺境不夺人？"

师云:"王令已行天下遍,将军塞外绝烟尘。"
僧云:"如何是人境两俱夺?"
师云:"并汾绝信,独处一方。"
僧云:"如何是人境俱不夺?"
师云:"王登宝殿,野老讴歌。"

师乃①云:"今时学佛法者,且要求真正见解。若得真正见解,生死不染,去住自由,不要求殊胜,殊胜自至。

"道流,只如自古先德,皆有出人底路。如山僧指示人处,只要你不受人惑,要用便用,更莫迟疑。如今学者不得,病在甚处?病在不自信处。你若自信不及,即便忙忙地徇一切境转,被他万境回换,不得自由。你若能歇得念念驰求心,便与佛祖不别。你欲得识祖佛么?只你面前听法底是。学人信不及,便向外驰求。设求得者,皆是文字胜相,终不得他活祖意。莫错,诸禅德。此时不遇,万劫千生轮回三界,徇好境掇去驴牛肚里生。

"道流,约山僧见处,与释迦不别。今日多般用处,欠少什么?六道神光②,未曾间歇。若能如是见得,只是一生无事人。

【校注】

① "乃",秋月本作"示众"二字。

② "六道神光",明藏本、四家录本皆作"一道神光",但《天圣广灯录·临济录》作"六道神光"。从文意看,以不改为宜。柳田本亦作"六道神光",认为是比喻六根(眼耳鼻舌身意)的机敏的精神作用。"六道神光"与后面的"本是一

精明，分为六和合"含义大同，是指人的精神机能。"六道神光，未曾间歇"，是指人正常活着。是说世人若有自信，便本来与祖佛不别（"一生无事人"）。

"大德，三界无安，犹如火宅。此不是你久停住处。无常杀鬼，一刹那间，不拣贵贱老少。你要与祖佛不别，但莫外求。你一念心上清净光，是你屋里法身佛；你一念心上无分别光，是你屋里报身佛；你一念心上无差别光，是你屋里化身佛。此三种身，是你即今目前听法底人。只为不向外驰求，有此功用。据经论家，取三种身为极则。约山僧见处不然。此三种身是名言，亦是三种依。古人云：身依义立，土据体论。法性身、法性土，明知是光影。大德，你且识取弄光影底人是诸佛之本源，一切处是道流归舍处。是你四大色身，不解说法听法；脾胃肝胆，不解说法听法；虚空，不解说法听法。是什么解说法听法？是你目前历历底勿一个形段孤明，是这个解说法听法。若如是见解，便与祖佛不别。但一切时中更莫间断，触目皆是。只为情生智隔，想变体殊，所以轮回三界，受种种苦。若约山僧见处，无不甚深，无不解脱。

"道流，心法无形，通贯十方，在眼曰见，在耳曰闻，在鼻嗅香，在口谈论，在手执捉，在足运奔。本是一精明，分为六和合。一心既无，随处解脱。山僧与么说，意在什么处？只为道流一切驰求心不能歇，上他古人闲机境。

"道流，取山僧见处，坐断报化佛头。十地满心，犹如客作儿。等妙二觉，担枷锁汉。罗汉、辟支，犹如厕秽。菩提、涅槃，如系驴橛。何以如此？只为道流不达三祇劫空，所以有此障碍。若是真正道人，终不如是。但能随缘消旧业，任运著衣裳，要行即行，要坐即坐，无一念心希求佛果。缘何如此？古人云：若欲作业求佛，佛是生死大兆。

"大德，时光可惜。只拟旁家波波地学禅学道，认名认句，求佛求祖，求善知识意度。莫错，道流。你只有一个父母，更求何物。你自返照看。古人云：演若达多失却头，求心歇处即无事。大德，且要平常，莫作模样。有一般不识好恶秃奴，便即见神见鬼，指东划西，好晴好雨。如是之流，尽须抵债，向阎老前吞热铁丸有日。好人家男女，被这一般野狐精魅所著，便即捏怪。瞎屡生，索饭钱有日在。"

师示众云："道流，切要求取真正见解，向天下横行，免被这一般精魅惑乱。无事是贵人。但莫造作，只是平常。你拟向外旁家求过，觅脚手，错了也。

"只拟求佛，佛是名句。你还识驰求底么？三世十方佛祖出来，也只为求法。如今参学道流也只为求法。得法始了，未得依前轮回五道。

"云何是法？法者是心法。心法无形，通贯十方，目前现用。人信不及，便乃认名认句，向文字中求，意度佛法，天地悬殊。道流，山僧说法，说什么法？说心地法，便能入凡入圣，入净入秽，入真入俗。要且不是你真俗凡圣，能与一切真俗凡圣安著名字；真俗凡圣与此人安著名字不得。

"道流，把得便用，更不著名字，号之为玄旨。山僧说法与天下人别。只如有个文殊、普贤出来目前,各现一身问法,才道:咨和尚。我早辨了也,老僧稳坐。更有道流来相见时,我尽辨了也。何以如此?只为我见处别:外不取凡圣,内不住根本。见彻,更不疑谬。"

师示众云:"道流,佛法无用功处,只是平常无事,屙屎送尿,著衣吃饭,困来即卧。愚人笑我,智乃知焉。古人云:向外作工夫,总是痴顽汉。你且随处作主,立处皆真,境来回换不得。纵有从来习气、五无间业,自为解脱大海。今时学者总不识法,犹如触鼻羊逢着物安在口里,奴郎不辨,宾主不分。如是之流,邪心入道,闹处即入,不得名为真出家人,正是真俗家人。

"夫出家者,须辨得平常真正见解,辨佛辨魔,辨真辨伪,辨凡辨圣。若如是辨得,名真出家。若魔佛不辨,正是出一家入一家,唤作造业众生,未得名为真出家。只如今有一个佛、魔,同体不分。如水乳合,鹅王吃乳。如明眼道流,魔佛俱打。汝若爱圣憎凡,生死海里浮沉。"

问:"如何是佛、魔?"

师云:"你一念心疑处是魔①;你若达得万法无生,心如幻化,更无一尘一法,处处清净是佛。然佛与魔是染净二境。约山僧见处,无佛无众生,无古无今,得者便得,不历时节。无修无证,无得无失,一切时中更无别法。设有一法过此者,我说如梦如化。山僧所说皆是。

【校注】

①《大正藏》原校注：明本、宫本、甲本在"魔"字前有"佛"字，作"佛魔"。从上文看，"佛魔"是"佛"与"魔"的并称，应作"佛、魔"，如"今有一个佛、魔，同体不分"，"如何是佛、魔"。下面的文字也是对"佛"、"魔"分开作回答的。故"魔"前不应加"佛"字。

"道流，即今目前孤明历历地听者，此人处处不滞，通贯十方，三界自在，入一切境差别，不能回换，一刹那间透入法界，逢佛说佛，逢祖说祖，逢罗汉说罗汉，逢饿鬼说饿鬼，向一切处游履国土，教化众生，未曾离一念。随处清净，光透十方，万法一如。

"道流，大丈夫儿，今日方知本来无事。只为你信不及，念念驰求，舍头觅头，自不能歇。如圆顿菩萨，入法界现身，向净土中厌凡忻圣。如此之流，取舍未忘，染净心在。

"如禅宗见解，又且不然。直是现今，更无时节。山僧说处，皆是一期药病相治，总无实法。若如是见得，是真出家，日消万两黄金。

"道流，莫取次被诸方老师印破面门，道我解禅解道。辩似悬河，皆是造地狱业。若是真正学道人，不求世间过，切急要求真正见解。若达真正见解圆明，方始了毕。"

问："如何是真正见解？"

师云："你但一切，入凡入圣，入染入净，入诸佛国土，入弥勒楼阁，入毗卢遮那法界，处处皆现国土，成住坏空。佛出于世，转大法轮，却入涅槃，不见有去来相貌，求其生死，了不可得，便入无生法界，处处游履国土，入华藏世界，尽见诸法空相，皆无实法。唯有听法无依道人是诸佛之母，所以佛从无依生。若悟无依，佛亦无得。若如是见得者，是真正见解。

"学人不了，为执名句，被他凡圣名碍，所以障其道眼，不得分明。只如十二分教，皆是表显之说。学者不会，便向表显名句上生解，皆是依倚，落在因果，未免三界生死。你若欲得生死去住脱著自由，即今识取听法底人，无形无相，无根无本，无住处，活泼泼①地。应是万种施设用处，只是无处。所以觅著转远，求之转乖，号之为秘密。

【校注】

① "泼泼"，原作"拨拨"。在此意同"泼泼"，据明藏本改为常用的"泼泼"。

"道流，你莫认著个梦幻伴子，迟晚中间便归无常。你向此世界中觅个什么物作解脱？觅取一口饭吃，补毳过时？且要访寻知识，莫因循逐乐过时①。光阴可惜，念念无常。粗则被地水火风，细则被生住异灭四相所逼。

"道流，今时且要识取四种无相境，免被境摆扑。"

【校注】

① "过时"二字，据四家录本补加。

问:"如何是四种无相境?"

师云:"你一念心疑,被地来碍;你一念心爱,被水来溺;你一念心嗔,被火来烧;你一念心喜,被风来飘。若能如是辨得,不被境转,处处用境。东涌西没,南涌北没,中涌边没,边涌中没,履水如地,履地如水。缘何如此?为达四大如梦如幻故。

"道流,你只今听法者,不是①你四大,能用你四大。若能如是见得,便乃去住自由。约山僧见处,勿嫌底法。你若爱圣,圣者圣之名。有一般学人向五台山里求文殊,早错了也。五台山无文殊。你欲识文殊么?只你目前用处始终不异,处处不疑,此个是活文殊;你一念心无差别光,处处总是真普贤;你一念心自能解缚,随处解脱,此是观音三昧法。互为主伴,出时一时出。一即三,三即一。如是解得,始好看教。"

【校注】

①"是",四家录本作"见",亦通。既然"四大如梦如幻",故四大不可见。

师示众云:"如今学道人,且要自信,莫向外觅,总上他闲尘境,都不辨邪正。只如有祖有佛,皆是教迹中事。有人拈起一句子话,或隐显中出,便即疑生,照天照地,旁家寻问,也太茫①然。大丈夫儿,莫只么论主论贼,论是论非,论色论财,论说闲话过日。

【校注】

① "太",原作"大"字,据四家录本改;"茫",原作"忙"字,据明藏本改。

"山僧此间不论僧俗,但有来者,尽识得伊,任伊向甚处出来。但有声名文句,皆是梦幻。却见乘境底人,是诸佛之玄旨。佛境不能自称我是佛境,还是这个无依道人乘境出来。若有人出来问我求佛,我即应清净境出;有人问我菩萨,我即应慈①悲境出;有人问我菩提,我即应净妙境出;有人问我涅槃,我即应寂静境出。境即万般差别,人即不别,所以应物现形,如水中月。

【校注】

① "慈",原作"兹"字,据明藏本改。

"道流,你若欲得如法,直须是大丈夫儿始得,若萎萎随随地则不得也。夫如觑嘎①之器,不堪贮醍醐。如大器者,直要不受人惑。随处作主,立处皆真。但有来者,皆不得受。你一念疑,即魔入心。如菩萨疑时,生死魔得便。但能息念,更莫外求,物来即照。你但信现今用底,一个事也无。你一念生三界,随缘被境,分为六尘。你如今应用处欠少什么?一刹那间便入净入秽,入弥勒楼阁,入三眼国土,处处游履,唯见空名。"

【校注】

① "觑嘎",原文有注:"上音西,下所嫁切。"语出《大

涅槃经》，瓦瓶破之声。

问："如何是三眼国土？"

师云："我共你入净妙国土中，著清净衣，说法身佛；又入无差别国土中，著无差别衣，说报身佛；又入解脱国土中，著光明衣，说化身佛。此三眼国土皆是依变。约经论家，取法身为根本，报化二身为用。山僧见处，法身即不解说法。所以古人云：身依义立，土据体论。法性身、法性土，明知是建立之法，依通国土。空拳黄叶，用诳小儿。蒺藜菱①刺、枯骨上觅什么汁？心外无法，内亦不可得，求什么物？

【校注】

① "菱"，原作"麦"，据四家录本改。

"你诸方言道：有修有证。莫错，设有修得者，皆是生死业。你言六度万行齐修，我见皆是造业。求佛求法，即是造地狱业；求菩萨亦是造业；看经看教亦是造业。佛与祖师是无事人。所以有漏有为，无漏无为为清净业。

"有一般瞎秃子饱吃饭了，便坐禅观行，把捉念漏，不令放起，厌喧求静，是外道法。祖师云：你若住心看净①，举心外照，摄心内证②，凝心入定，如是之流皆是造作。是你如今与么听法底人，作么生拟修他，证他，庄严他？渠且不是修底物，不是庄严底物。若教他庄严，一切物即庄严得。你且莫错！

【校注】

①"净",各本皆作"静"字。柳田本、入矢本、秋月本在注中虽指出语出自神会（668或686~760），但未改。神会在《菩提达摩南宗定是非论》中批评北宗的"凝心入定,住心看净,起心外照,摄心内证"禅法。早在慧能之时已批评"看净"的禅法,谓"起心看净,却起净妄"、"看心看净,却是障道因缘"（敦煌本《六祖坛经》）。据此,"看静"应改为"看净"。下一句的"举心"与"起心"意同,可能是义玄所记忆如此。照原文不改。最后一句"凝心入定",本应置于最前,这里亦不作改动。

②"证",各本作"澄"字。据神会《菩提达摩南宗定是非论》改。另,四家录本此句作"彻心内澄",更不可取。

"道流,你取这一般老师口里语,为是真道,是善知识不思议。我是凡夫心,不敢测度他老宿。瞎屡生,你一生只作这个见解,辜负这一双眼,冷噤噤地,如冻凌上驴驹相似。我不敢毁善知识,怕生口业。

"道流,夫大善知识始敢毁佛毁祖,是非天下,排斥三藏教,骂辱诸小儿,向逆顺中觅人。所以我于十二年中,求一个业性如①芥子许,不可得。若似新妇子禅师,便即怕趁出院,不与饭吃,不安不乐。自古先辈,到处人不信,被趁②出,始知是贵。若到处人尽肯,堪作什么。所以师子一吼,野干脑裂。

【校注】

① "如",原本作"知"字,据明藏本改。

② "趁",原作"递"字,参入矢本改。

"道流,诸方说有道可修,有法可证。你说证何法?修何道?你今用处欠少什么物?修补何处?后生小阿师不会,便即信这般野狐精魅,许他说事,系缚他人,言道:理行相应,护惜三业,始得成佛。如此说者如春细雨。古人云:路逢达道人,第一莫向道。所以言:若人修道道不行,万般邪境竞头生;智剑出来无一物,明头未显暗头明。所以古人云:平常心是道。

"大德,觅什么物?现今目前听法无依道人历历地分明,未曾欠少。你若欲得与祖佛不别,但如是见,不用疑误。你心心不异,名之活祖。心若有异,则性相别;心不异故,即性相不别。"

问:"如何是心心不异处?"

师云:"你拟问,早异了也。性相各分。道流,莫错。世、出世诸法,皆无自性,亦无生性,但有空名,名字亦空。你只么认他闲名为实,大错了也。设有,皆是依变之境。有个菩提依、涅槃依、解脱依、三身依、境智依、菩萨依、佛依。你向依变国土中觅什么物?乃至三乘十二分教皆是拭不净故纸。佛是幻化身,祖是老比丘。你还是娘生已否?你若求佛,即被佛魔摄;你若求祖,即被祖魔缚。你若有求,皆苦,不如无事。

"有一般秃比丘向学人道:佛是究竟,于三大阿僧祇劫修行果满,方始成道。道流,你若道佛是究竟,缘什么八十年后向拘尸罗城双林树间侧卧而死去?佛今何在?明知与我生死不别。你言三十二相、八十种好是佛,转轮圣王应是如来。明知是幻化。古人云:如来举身相,为顺世间情;恐人生断见,权且立虚名;假言三十二,八十也空声;有身非觉体,无相乃真形。

"你道佛有六通,是不可思议。一切诸天、神仙、阿修罗、大力鬼,亦有神通,应是佛否?道流,莫错。只如阿修罗与天帝释战,战败领八万四千眷属入藕丝孔中藏,莫是圣否?如山僧所举,皆是业通、依通。夫如佛六通者不然,入色界不被色惑,入声界不被声惑,入香界不被香惑,入味界不被味惑,入触界不被触惑,入法界不被法惑,所以达六种:色、声、香、味、触、法,皆是空相。不能系缚此无依道人。虽是五蕴漏质,便是地行神通。

"道流,真佛无形,真法无相。你只么幻化上头作模作样,设求得者皆是野狐精魅,并不是真佛。是外道见解。

"夫如真学道人,并不取佛,不取菩萨、罗汉,不取三界殊胜,迥然①独脱,不与物拘。乾坤倒覆,我更不疑;十方诸佛现前,无②一念心喜;三涂地狱顿现,无一念心怖。缘何如此?我见诸法空相,变即有,不变即无。三界唯心,万法唯识,所以梦幻空花,何劳把捉!

【校注】

① "然",原作"无"字,参四家录本改。
② "无",原作"为"字,据明藏本改。

"唯有道流目前现今听法底人，入火不烧，入水不溺，入三涂地狱，如游园观；入饿鬼畜生而不受报。缘何如此？无嫌底法。你若爱圣憎凡，生死海里沉浮。烦恼由心故有；无心，烦恼何拘？不劳分别取相，自然得道须臾。你拟旁家波波地学得，于三祇劫中终归生死。不如无事，向丛林中床角头交脚坐。

"道流，如诸方有学人来，主客相见了，便有一句子语，辨前头善知识。被学人拈出个机权语路，向善知识口角头撺过，看你识不识。你若识得是境，把得便抛向坑子里。学人便即寻常，然后便索善知识语。依前夺之。学人云：上智哉！是大善知识即云：你大不识好恶。如善知识把出个境块子，向学人面前弄，前人辨得，下下①作主，不受境惑，善知识便即现半身。学人便喝。善知识又入一切差别语路中摆扑。学人云：不识好恶老秃奴。善知识叹曰：真正道流。

【校注】

① "下下"，原本如此，四家录本同。明藏本作"了不"。

"如诸方善知识不辨邪正，学人来问菩提、涅槃、三身境智，瞎老师便与他解说，被他学人骂著，便把棒打他，言无礼度。自是你善知识无眼，不得嗔他。有一般不识好恶秃奴，即指东划西，好晴好雨，好灯笼露柱。你看眉毛有几茎？这个具机缘。学人不会，便即心狂。如是之流，总是野狐精魅魍魉，被他好学人嗑嗑微笑，言瞎秃奴惑乱他天下人。

"道流，出家儿且要学道。只如山僧，往日曾向毗尼中留心，亦曾于经论寻讨，后方知是济世药、表显之说。遂乃一时抛却，即访道参禅。后遇大善知识，方乃道眼分明，始识得天下老和尚，知其邪正，不是娘生下便会，还是体究练磨，一朝自省。

"道流，你欲得如法见解，但莫受人惑。向里向外，逢着便杀：逢佛杀佛，逢祖杀祖，逢罗汉杀罗汉，逢父母杀父母，逢亲眷杀亲眷，始得解脱，不与物拘，透脱自在。

"如诸方学道流，未有不依物出来底。山僧向此间从头打，手上出来手上打，口里出来口里打，眼里出来眼里打。未有一个独脱出来底；皆是上他古人闲机境。山僧无一法与人，只是治病解缚。你诸方道流，试不依物出来，我要共你商量。十年五载，并无一人。皆是依草附叶竹木精灵、野狐精魅，向一切粪块上乱咬。瞎汉，枉消他十方信施。道：我是出家儿，作如是见解。向你道：无佛无法，无修无证。只么旁家拟求什么物？瞎汉，头上按头，是你欠少什么？

"道流，是你目前用底与祖佛不别。只么不信，便向外求。莫错。向外无法，内亦不可得。你取山僧口里语，不如休歇无事去。已起者莫续，未起者不要放起，便胜你十年行脚。约山僧见处，无如许多般，只是平常著衣吃饭，无事过时。你诸方来者皆是有心，求佛求法，求解脱，求出离三界。痴人，你要出三界，什么处去？佛祖是赏系底名句。你欲识三界么？不离你今听法底心地。你一念心贪，是欲界；你一念心嗔，是色界；你一念心痴，是无色界，是你屋里家具子。三界不自道我是三界，还是道流目前灵灵地照烛万般，酌度世界底人，与三界安名。

"大德，四大色身是无常，乃至脾胃肝胆、发毛爪齿，唯见诸法空相。你一念心歇得处，唤作菩提树；你一念心不能歇得处，唤作无明树。无明无住处，无明无始终。你若念念心歇不得，便上他无明树，便入六道四生，披毛戴角。你若歇得，便是清净身界。你一念不生，便是上菩提树，三界神通变化，意生化身，法喜禅悦，身光自照。思衣，罗绮千重；思食，百味具足，更无横病。菩提无住处，是故无得者。

"道流，大丈夫汉，更疑个什么？目前用处更是阿谁？把得便用，莫著名字，号为玄旨。与么见得，勿嫌底法。古人云：心随万境转，转处实能幽；随流认得性，无喜亦无忧。

"道流，如禅宗见解，死活循然。参学之人，大须子细。如主客相见，便有言论往来：或应物现形，或全体作用，或把机权喜怒，或现半身，或乘师子，或乘象王。如有真正学人，便喝，先拈出一个胶盆子。善知识不辨是境，便上他境上作模作样。学人便喝，前人不肯放。此是膏肓之病，不堪医。唤作客看主。

"或是善知识不拈出物，随学人问处即夺。学人被夺，抵死不放。此是主看客。

"或有学人，应一个清净境出善知识前，善知识辨得是境，把得抛向坑里。学人言：大好。善知识即云：咄哉，不识好恶。学人便礼拜。此唤作主看主。

"或有学人披枷带锁，出善知识前。善知识更与安一重枷锁。学人欢喜，彼此不辨。呼为客看客。

"大德，山僧如是所举，皆是辨魔拣异，知其邪正。

"道流，实情大难。佛法幽玄，解得可可地。山僧竟日与他说破，学者总不在意。千遍万遍脚底踏过，黑没燧地，无一个形段，历历孤明。学人信不及，便向名句上生解。年登半百，只管旁家负死尸行，担却担子天下走。索草鞋钱有日在。

"大德，山僧说向外无法。学人不会，便即向里作解，便即倚壁坐，舌拄上腭，湛然不动，取此为是祖门佛法也。大错。是你若取不动清净境为是，你即认他无明为郎主。古人云：湛湛黑暗深坑，实可怖畏。此之是也。

"你若认他动者是，一切草木皆解动，应可是道也。所以动者是风大，不动者是地大。动与不动，俱无自性。你若向动处捉他，他向不动处立；你若向不动处捉他，他向动处立。譬如潜泉鱼，鼓波而自跃。大德，动与不动是二种境，还是无依道人用动用不动。

"如诸方学人来，山僧此间作三种根器断：如中下根器来，我便夺其境，而不除其法；或中上根器来，我便境法俱夺；如上上根器来，我便境法人俱不夺。如有出格见解人来，山僧此间便全体作用，不历根器。

"大德，到这里学人，著力处不通风，石火电光即过了也。学人若眼定动，即没交涉。拟心即差，动念即乖。有人解者，不离目前。

"大德，你担钵囊屎担子旁家走，求佛求法。即今与么驰求底你，还识渠么？活泼泼①地，只是勿根株，拥不聚，拨不散，求著即转远，不求还在目前，灵音属耳。若人不信，徒劳百年。

【校注】

① "活泼泼"，原本作 "活拨拨"，据明藏本校改。

"道流，一刹那间便入华藏世界，入毗卢遮那国土，入解脱国土，入神通国土，入清净国土，入法界，入秽入净，入凡入圣，入饿鬼畜生。处处讨觅寻，皆不见有生有死，唯有空名。幻化空花，不劳把捉；得失是非，一时放却。

"道流，山僧佛法的的相承，从麻谷和尚、丹霞和尚、道一和尚、庐山拽石头与石巩和尚①，一路行遍天下，无人信得，尽皆起谤。如道一和尚用处，纯一无染，学人三百五百，尽皆不见他意；如庐山和尚，自在真正，顺逆用处，学人不测涯际，悉皆茫②然；如丹霞和尚，玩珠隐显，学人来者皆悉被骂；如麻谷用处，苦如黄檗，近皆不得；如石巩用处，向箭头上觅人，来者皆惧。

【校注】

① "与石巩"三字，据四家录本加。四家录本此句作："从麻谷和尚、丹霞和尚、东土道一和尚、庐山与石巩"。庐山拽石头和尚即庐山和尚，是马祖弟子，《祖堂集》卷十五、《景德传灯录》卷七有传，名智常，在庐山归宗寺传法，据《云门广录》卷中所说"归宗拽石"和《碧岩录》卷五第四四则记载："归宗一日，普请拽石。""拽石头和尚"亦即庐山归宗智常和尚。参柳田本注。

② "茫"，原本作"忙"字，据明藏本改。

"如山僧今日用处，真正成坏，玩弄神变，入一切境，随处无事，境不能换。但有来求者，我即便出看渠。渠不识我，我便著数般衣。学人生解，一向入我言句。苦哉，瞎秃子无眼人，把我著的衣，认青黄赤白。我脱却，入清净境中，学人一见，便生忻欲。我又脱却，学人失心，茫①然狂走，言我无衣。我即向渠道：你识我著衣底人否？忽你回头，认我了也。

【校注】

① "茫"，原本作"忙"字，据明藏本改。

"大德，你莫认衣。衣不能动，人能著衣。有个清净衣，有个无生衣、菩提衣、涅槃衣，有祖衣，有佛衣。大德，但有声名文句皆悉是衣变。从脐轮气海中鼓激，牙齿敲磕，成其句义，明知是幻化。大德，外发语业，内表心所法，以思有念，皆悉是衣。你只么认他著底衣为实解，纵经尘劫，只是衣通。三界循还，轮回生死，不如无事。相逢不相识，共语不知名。

"今时学人不得，盖为认名字为解，大策子上抄死老汉语，三重五重复子里，不教人见，道是玄旨，以为保重。大错，瞎屡生，你向枯骨上觅什么汁？有一般不识好恶，向教中取意度商量，成于句义，如把屎块子向口里含了，吐过与别人。犹如俗人打传口令相似。一生虚过，也道我出家。被他问著佛法，便即杜口无词，眼似漆突，口如扁担。如此之类，逢弥勒出世，移置他方世界，寄地狱受苦。

"大德，你波波地往诸方觅什么物？踏你脚板阔，无佛可求，无道可成，无法可得。外求有相佛，与汝不相似，欲识汝本心，非合亦非离。道流，真佛无形，真道无体，真法无相。三法混融，和合一处，辨既不得，唤作茫茫①业识众生。"

【校注】
①"茫茫"，原本作"忙忙"，据明藏本改。

问："如何是真佛、真法、真道？乞垂开示。"
师云："佛者，心清净是；法者，心光明是；道者，处处无碍净光是。三即一，皆是空名，而无实有。如真正学①道人，念念心不间断。自达磨大师从西土来，只是觅个不受人惑底人。后遇二祖，一言便了，始知从前虚用功夫。山僧今日见处与祖佛不别。若第一句中得，与祖佛为师；若第二句中得，与人天为师；若第三句中得，自救不了。"

【校注】
①"学"，四家录本作"作"字。

问："如何是西来意？"
师云："若有意，自救不了。"
问："既无意，云何二祖得法？"
师云："得者是不得。"
云："既若不得，云何是不得底意？"
师云："为你向一切处驰求，心不能歇。所以祖师言：咄哉，丈夫，将头觅头。你言下便自回光返照，更不别求，知身心与祖佛不别，当下无事，方名得法。

"大德，山僧今时事不获已，话度说出许多不才净。你且莫错。据我见处，实无许多般道理。要用便用，不用便休。只如诸方说六度万行，以为佛法，我道是庄严门、佛事门，非是佛法。乃至持斋持戒，擎油不泃①，道眼不明，尽须抵债，索饭钱有日在。何故如此？入道不通理，复身还信施，长者八十一，其树不生耳。乃至孤峰独宿，一食卯斋，长坐不卧，六时行道，皆是造业底人。乃至头目髓脑、国城妻子、象马七珍，尽皆舍施，如是等见皆是苦身心故，还招苦果。不如无事，纯一无杂。乃至十地满心菩萨，皆求此道流踪迹，了不可得。所以诸天欢喜，地神捧足，十方诸佛无不称叹。缘何如此？为今听法道人，用处无踪迹。"

【校注】

① "泃"，四家录本作"滟"字。

问："大通智胜佛，十劫坐道场，佛法不现前，不得成佛道。未审此意如何？乞师指示。"

师云："大通者，是自己于处处达其万法无性无相，名为大通；智胜者，于一切处不疑，不得一法，名为智胜；佛者，心清净光明，透彻法界，得名为佛。十劫坐道场者，十波罗蜜①是。佛法不现前者，佛本不生，法本不灭，云何更有现前。不得成佛道者，佛不应更作佛。古人云：佛常在世间，而不染世间法。

【校注】

① "蜜",原本作"密"字,四家录本作"蜜"字。汉译佛经中"波罗蜜"为正确译语。

"道流,你欲得作佛,莫随万物。心生种种法生,心灭种种法灭。一心不生,万法无咎。世与出世,无佛无法,亦不现前,亦不曾失。设有者,皆是名言章句,接引小儿,施设药病,表显名句。且名句不自名句,还是你目前昭昭灵灵鉴觉闻知照烛底,安一切名句。"

"大德,造五无间业,方得解脱。"

问:"如何是五无间业?"

师云:"杀父,害母,出佛身血,破和合僧,焚烧经像等,此是五无间业。"

云:"如何是父?"

师云:"无明是父。你一念心求起灭处不得,如响应空,随处无事,名为杀父。"

云:"如何是母?"

师云:"贪爱为母。你一念心入欲界中求其贪爱,唯见诸法空相,处处无著,名为害母。"

云:"如何是出佛身血?"

师云:"你向清净法界中,无一念心生解,便处处黑暗,是出佛身血。"

云:"如何是破和合僧?"

师云:"你一念心正达烦恼结使,如空无所依,是破和合僧。"

云:"如何是焚烧经像?"

师云:"见因缘空,心空,法空,一念决定断,迥然无事,便是焚烧经像。

"大德,若如是达得,免被他凡圣名碍。

"你一念心只向空拳指上生实解,根境法中虚捏怪。自轻而退屈,言我是凡夫,他是圣人。秃屡生,有甚死急,披他师子皮,却作野干鸣。大丈夫汉,不作丈夫气息,自家屋里物不肯信,只么向外觅,上他古人闲名句,倚阴博阳,不能特达,逢境便缘,逢尘便执,触处惑起,自无准定。

"道流,莫取山僧说处,何故?说无凭据,一期间图画虚空,如彩画像等喻。

"道流,莫将佛为究竟,我见犹如厕孔。菩萨、罗汉尽是枷锁,缚人底物。所以文殊仗剑杀于瞿昙,鸯掘持刀害于释氏。

"道流,无佛可得,乃至三乘五性、圆顿教迹,皆是一期药病相治,并无实法。设有,皆是相似表显路布、文字排差。且如是说。

"道流,有一般秃子,便向里许著功,拟求出世之法。错了也。若人求佛,是人失佛;若人求道,是人失道;若人求祖,是人失祖。

"大德,莫错。我且不取你解经论,我亦不取你国王大臣,我亦不取你辩似悬河,我亦不取你聪明智慧,唯要你真正见解。

"道流，设解得百本经论，不如一个无事底阿师。你解得，即轻蔑他人，胜负修罗，人我无明，长地狱业。如善星比丘解十二分教，生身陷地狱，大地不容。不如无事休歇去，饥来吃饭，睡来合眼。愚人笑我，智乃知焉。

"道流，莫向文字中求。心动疲劳，吸冷气无益，不如一念缘起无生，超出三乘权学菩萨。

"大德，莫因循过日。山僧往日未有见处时，黑漫漫地。光阴不可空过。腹热心忙，奔波访道。后还得力，始到今日，共道流如是话度。劝诸道流，莫为衣食。看世界易过，善知识难遇，如优昙花时一现耳。你诸方闻道有个临济老汉，出来便拟问难，教语不得。被山僧全体作用，学人空开得眼，口总动不得，憒然不知以何答我。我向伊道：龙象蹴踏，非驴所堪。你诸处只指胸点肋，道我解禅解道，三个两个到这里不奈何。咄哉，你将这个身心，到处簸两片皮诳呼闾阎，吃铁棒有日在。非出家儿，尽向阿修罗界摄。

"夫至理之道，非诤论而求激扬铿锵，以摧外道。至于佛祖相承，更无别意。设有言教，落在化仪三乘五性、人天因果。如圆顿之教，又且不然。童子善财，皆不求过。

"大德，莫错用心。如大海不停死尸。只么担却拟天下走，自起见障以碍于心。日上无云，丽天普照；眼中无翳，空里无花。道流，你欲得如法，但莫生疑，展则弥纶法界，收则丝发不立，历历孤明未曾欠少。眼不见，耳不闻，唤作什么物？古人云：说似一物则不中。你但自家看，更有什么？说亦无尽。

"各自著力，珍重。"

勘　　辨

　　黄檗因入厨次,问饭头:"作什么?"
　　饭头云:"拣众僧米。"
　　黄檗云:"一日吃多少?"
　　饭头曰:"二石五。"
　　黄檗云:"莫太多么?"
　　饭头云:"犹恐少在。"
　　黄檗便打。饭头却举似师。师云:"我为汝勘这老汉。"
　　才到,侍立次。黄檗举前话。师云:"饭头不会,请和尚代一转语。"
　　师便问:"莫太多么?"
　　黄檗云:"何不道:来日更吃一顿。"
　　师云:"说什么来日,即今便吃。"道了便掌。
　　黄檗云:"这风颠汉,又来这里捋虎须。"师便喝,出去。

　　后沩山问仰山:"此二尊宿意作么生?"仰山云:"和尚作么生?"沩山云:"养子方知父慈。"仰山云:"不然。"沩山云:"子又作么生?"仰山云:"大似勾贼破家。"

　　师问僧:"什么处来?"
　　僧便喝,师便揖坐。僧拟议,师便打。

师见僧来,便竖起拂子。僧礼拜,师便打。又见僧来,亦竖起拂子。僧不顾,师亦打。

师一日同普化赴施主家斋次。师问:"毛吞巨海,芥纳须弥,为是神通妙用,本体如然?"

普化踏倒饭床。师云:"太粗生。"

普化云:"这里是什么所在,说粗说细。"

师来日又同普化赴斋。问:"今日供养,何似昨日?"

普化依前踏倒饭床。师云:"得即得,太粗生。"

普化云:"瞎汉,佛法说什么粗细。"

师乃吐舌。

师一日与河阳木塔长老同在僧堂地炉内坐,因说普化每日在街市掣风掣颠,知他是凡是圣。言犹未了,普化入来。师便问:"汝是凡是圣?"

普化云:"汝且道,我是凡是圣?"

师便喝。普化以手指云:"河阳新妇子,木塔老婆禅;临济小厮儿,却具一只眼。"

师云:"这贼。"

普化云:"贼,贼!"便出去。

一日,普化在僧堂前吃生菜。师见云:"大似一头驴。"

普化便作驴鸣。师云:"这贼!"

普化云:"贼,贼!"便出去。

因普化常于街市摇铃云:"明头来,明头打;暗头来,暗头打;四面八方来,旋风打;虚空来,连架打。"

师令侍者去,才见如是道,便把住云:"总不与么来时如何?"

普化托开云:"来日大悲院里有斋。"

侍者回举似师。师云:"我从来疑著这汉。"

有一老宿参师,未曾人事便问:"礼拜即是,不礼拜即是?"

师便喝。老宿便礼拜。师云:"好个草贼。"

老宿云:"贼,贼。"便出去。

师云:"莫道无事好。"

首座侍立次。师云:"还有过也无?"

首座云:"有。"

师云:"宾家有过,主家有过?"

首座云:"二俱有过。"

师云:"过在什么处?"

首座便出去。师云:"莫道无事好。"

后有僧举似南泉。南泉云:"官马相踏。"

师因入军营赴斋,门首见员僚。师指露柱问:"是凡是圣?"

员僚无语。师打露柱云:"直饶道得,也只是个木橛。"便入去。

师问院主:"什么处来?"

主云:"州中粜黄米去来。"

师云:"粜得尽么?"

主云:"粜得尽。"

师以杖面前画一画云:"还粜得这个么?"

主便喝,师便打。

典座至,师举前语。典座云:"院主不会和尚意。"

师云:"你作么生?"

典座便礼拜。师亦打。

有座主来相看次,师问:"座主讲何经论[①]?"

主云:"某甲荒虚,粗习《百法论》。"

师云:"有一人于三乘十二分教明得,有一人于三乘十二分教明不得,是同是别?"

主云:"明得即同,明不得即别。"

乐普为侍者,在师后立,云:"座主,这里是什么所在,说同说别。"

师回首问侍者:"汝又作么生?"

侍者便喝。师送座主回来,遂问侍者:"适来是汝喝老僧?"

侍者云:"是。"

师便打。

【校注】

① "论",原本作"说"字,据明藏本校改。

师闻第二代德山垂示云:"道得也三十棒,道不得也三十棒。"

师令乐普去问:"道得为什么也三十棒?待伊打汝,接住棒送一送,看他作么生。"

普到彼,如教而问。德山便打。普接住送一送。德山便归方丈。普回,举似师。师云:"我从来疑著这汉。虽然如是,汝还见德山么?"

普拟议,师便打。

王常侍一日访师,同师于僧堂前看,乃问:"这一堂僧还看经么?"

师云:"不看经。"

侍云:"还学禅么?"

师云:"不学禅。"

侍云:"经又不看,禅又不学,毕竟作个什么?"

师云:"总教伊成佛作祖去。"

侍云:"金屑虽贵,落眼成翳。又作么生?"

师云:"将为你是个俗汉。"

师问杏山:"如何是露地白牛?"

山云:"吽,吽。"

师云:"哑那?"

山云:"长老作么生?"

师云:"这畜生!"

师问乐普云:"从上来一人行棒,一人行喝,阿那个亲?"
乐普云:"总不亲。"
师云:"亲处作么生?"
普便喝,师乃打。

师见僧来,展开两手。僧无语。师云:"会么?"
云:"不会。"
师云:"浑仑擘不开,与你两文钱。"

大觉到参,师举起拂子。大觉敷坐具,师掷下拂子。大觉收坐具,入僧堂。众僧云:"这僧莫是和尚亲故,不礼拜,又不吃棒。"
师闻,令唤觉。觉出,师云:"大众道汝未参长老。"
觉云:"不审。"便自归众。

赵州行脚时参师,遇师洗脚次。州便问:"如何是祖师西来意?"
师云:"恰值老僧洗脚。"
州近前作听势。师云:"更要第二杓恶水泼在?"
州便下去。

有定上座到参,问:"如何是佛法大意?"

师下绳床,擒住与一掌,便托开。定伫立。旁僧云:"定上座何不礼拜?"

定方礼拜,大悟。

麻谷到参,敷坐具,问:"十二面观音,阿那面正?"

师下绳床,一手收坐具,一手挡麻谷云:"十二面观音,向什么处去也?"

麻谷转身拟坐绳床,师拈拄杖打。麻谷接却,相捉入方丈。

师问僧:"有时一喝如金刚王宝剑,有时一喝如踞地金毛师子,有时一喝如探竿影草,有时一喝不作一喝用。汝作么生会?"

僧拟议,师便喝。

师问一尼:"善来?恶来?"

尼便喝。师拈棒云:"更道,更道!"

尼又喝,师便打。

龙牙问:"如何是祖师西来意?"

师云:"与我过禅板来。"

牙便过禅板与师。师接得便打。牙云:"打即任打,要且无祖师意。"

牙后到翠微,问:"如何是祖师西来意?"

微云:"与我过蒲团来。"

牙便过蒲团与翠微。翠微接得便打。牙云:"打即任打,要且无祖师意。"

牙住院后，有僧入室请益云："和尚行脚时参二尊宿因缘，还肯他也无？"

牙云："肯即深肯，要且无祖师意。"

径山有五百众，少人参请。黄檗令师到径山。乃谓师云："汝到彼作么生？"

师云："某甲到彼，自有方便。"

师到径山，装腰上法堂见径山。径山方举头，师便喝。径山拟开口，师拂袖便行。寻有僧问径山："这僧适来有什么言句，便喝和尚？"

径山云："这僧从黄檗会里来。你要知么，自①问取他。"

径山五百众，大②半分散。

【校注】

①"自"，原本作"且"字，《大正藏》本底注：明本、宫本作"自"。四家录本亦作"自"。柳田本校作"自"。今从之。

②"大"，原本作"太"字。四家录本作"大"，于意为好，今从之。

普化一日于街市中就人乞直裰，人皆与之。普化俱不要。师令院主买棺一具。普化归来，师云："我与汝做得个直裰了也。"

普化便自担去，绕街市叫云："临济与我做直裰了也。我往东门迁化去。"

市人竞随看之。普化云："我今日未，来日往南门迁化去。"

如是三日，人皆不信。至第四日无人随看，独出城外，自入棺内，倩路行人钉之。即时传布。市人竞往，开棺，乃见全身脱去，只闻空中铃响，隐隐而去。

行　　录

师初在黄檗会下，行业纯一。首座乃叹曰："虽是后生，与众有异。"遂问："上座在此多少时？"

师云："三年。"

首座云："曾参问也无？"

师云："不曾参问。不知问个什么。"

首座云："汝何不去问堂头和尚：如何是佛法的的大意。"

师便去问。声未绝，黄檗便打。师下来。首座云："问话作么生？"

师云："某甲问声未绝，和尚便打。某甲不会。"

首座云："但更去问。"

师又去问。黄檗又打。如是三度发问，三度被打。师来白首座云："幸蒙慈悲，令某甲问讯和尚，三度发问，三度被打。自恨障缘，不领深旨，今且辞去。"

首座云："汝若去时，须辞和尚去。"

师礼拜退。首座先到和尚处云："问话底后生甚是如法，若来辞时，方便接他，向后穿凿，成一株大树，与天下人作阴凉去在。"

师去辞黄檗。檗云："不得往别处去，汝向高安滩头大愚处去，必为汝说。"

师到大愚。大愚问："什么处来？"

师云："黄檗处来。"

大愚云："黄檗有何言句？"

师云："某甲三度问佛法的的大意，三度被打。不知某甲有过无过？"

大愚云："黄檗与么老婆心切①，为汝得彻困。更来这里问有过无过。"

师于言下大悟云："元来黄檗佛法无多子。"

大愚掐住云："这尿床鬼子，适来道有过无过，如今却道黄檗佛法无多子。你见个什么道理，速道，速道！"

师于大愚胁下筑三拳。大愚托开云："汝师黄檗，非干我事。"

师辞大愚，却回黄檗。黄檗见来便问："这汉来来去去，有什么了期！"

师云："只为老婆心切。"

便人事了，侍立。黄檗问："什么处去来？"

师云："昨奉慈旨，令参大愚去来。"

黄檗云："大愚有何言句？"

师遂举前话。黄檗云："作么生得这汉，待来②痛与一顿。"

师云："说什么待来，即今便吃。"

随后便掌。黄檗云:"这风颠汉,却来这里捋虎须!"

师便喝。黄檗云:"侍者,引这风颠汉参堂去。"

后沩山举此话问仰山:"临济当时得大愚力?得黄檗力?"仰山云:"非但骑虎头,亦解把③虎尾。"

【校注】

①"心切"二字,原本无,明藏本有。从下文临济"只为老婆心切"的话看,此处加上"心切"二字较好。

②"待来",各本皆作"来待",据下文临济所说"说什么待来"改为"待来"。

③"把",明藏本作"抵"字。

师栽松次。黄檗问:"深山里栽许多作什么?"

师云:"一与山门作景致,二与后人作标榜。"

道了,将钁头打地三下。黄檗云:"虽然如是,子已吃吾三十棒了也。"

师又以钁头打地三下,作嘘嘘声。黄檗云:"吾宗到汝,大兴于世。"

后沩山举此语问仰山:"黄檗当时只嘱临济一人,更有人在?"仰山云:"有,只是年代深远,不欲举似和尚。"沩山云:"虽然如此,吾亦要知。汝但举看。"仰山云:"一人指南,吴越令行,遇大风即止。谶风穴和尚也。"

师侍立德山次。山云:"今日困。"

师云:"这老汉寐语作什么?"

山便打。师掀倒绳床。山便休。

师普请锄地次,见黄檗来,拄钁头而立。黄檗云:"这汉困那?"

师云:"钁也未举,困个什么?"

黄檗便打。师接住棒,一送送倒。黄檗唤维那:"维那,扶起我。"

维那近前扶云:"和尚争容得这风颠汉无礼!"

黄檗才起,便打维那。师钁地云:"诸方火葬,我这里一时活埋。"

后沩山问仰山:"黄檗打维那,意作么生?"仰山云:"正贼走却,逻踪人吃棒。"

师一日在僧堂前坐,见黄檗来,便闭却目。黄檗乃作怖势,便归方丈。师随至方丈礼谢。首座在黄檗处侍立。黄檗云:"此僧虽是后生,却知有此事。"

首座云:"老和尚脚跟不点地,却证据个后生。"

黄檗自于口上打一掴。首座云:"知即得。"

师在堂中睡。黄檗下来见,以拄杖打板头一下。师举头见是黄檗,却睡。黄檗又打板头一下,却往上间,见首座坐禅,乃云:"下间后生却坐禅,汝这里妄想作什么?"

首座云:"这老汉作什么?"

黄檗打板头一下,便出去。

后沩山问仰山:"黄檗入僧堂,意作么生?"仰山云:"两彩一赛。"

一日普请次,师在后行。黄檗回头,见师空手,乃问:"镢头在什么处?"

师云:"有一人将去了也。"

黄檗云:"近前来,共汝商量个事。"

师便近前。黄檗竖起镢头云:"只这个,天下人拈掇不起。"

师就手掣得竖起云:"为什么却在某甲手里?"

黄檗云:"今日大有人普请。"便归院。

后沩山问仰山:"镢头在黄檗手里,为什么却被临济夺却?"仰山云:"贼是小人,智过君子。"

师为黄檗驰书去沩山。时仰山作知客,接得书便问:"这个是黄檗底,那个是专使底?"

师便掌。仰山约住云:"老兄知是般事,便休。"

同去见沩山。沩山便问:"黄檗师兄多少众?"

师云:"七百众。"

沩山云:"什么人为导首?"

师云:"适来已达书了也。"

师却问沩山:"和尚此间多少众?"

沩山云:"一千五百众。"

师云:"太多生。"

沩山云:"黄檗师兄亦不少。"

师辞沩山。仰山送出云:"汝向后北去,有个住处。"

师云:"岂有与么事?"

仰山云:"但去,已后有一人佐辅老兄在。此人只是有头无尾,有始无终。"

师后到①镇州,普化已在彼中。师出世,普化佐赞于师。师住未久,普化全身脱去。

【校注】

①"到",原本误作"倒"字,据明藏本并参考柳田本、入矢本改。

师因半夏上黄檗,见和尚看经。师云:"我将谓是个人,元来是揞黑豆老和尚。"

住数日,乃辞去。黄檗云:"汝破夏来,不终夏去。"

师云:"暂来礼拜和尚。"

黄檗遂打趁令去。师行数里,疑此事,却回终夏。师一日辞黄檗。檗问:"什么处去?"

师云:"不是河南,便归河北。"

黄檗便打。师约住，与一掌。黄檗大笑，乃唤侍者，将百丈先师禅板、机案来。师云："侍者，将火来！"

黄檗云："虽然如此，汝但将去，已后坐却天下人舌头在。"

后沩山问仰山："临济莫辜负他黄檗也无？"仰山云："不然。"沩山云："子又作么生？"仰山云："知恩方解报恩。"沩山云："从上古人还有相似底也无？"仰山云："有，只是年代深远，不欲举似和尚。"沩山云："虽然如是，吾亦要知。子但举看。"仰山云："只如楞严会上阿难赞佛云：将此深心奉尘刹，是则名为报佛恩。岂不是报恩之事？"沩山云："如是，如是。见与师齐，减师半德；见过于师，方堪传授。"

师到达磨塔头。塔主云："长老，先礼佛，先礼祖？"
师云："佛、祖俱不礼。"
塔主云："佛、祖与长老是什么冤家？"
师便拂袖而出。

师行脚，时到龙光。光上堂。师出问云："不展锋芒，如何得胜？"
光据坐。师云："大善知识岂无方便？"
光瞪目云："嗄。"
师以手指云："这老汉，今日败阙也。"

到三峰，平和尚问[①]："什么处来？"

师云："黄檗来。"

平云："黄檗有何言句？"

师云："金牛昨夜遭涂炭，直至如今不见踪。"

平云："金风吹玉管，那个是知音？"

师云："直透万重关，不住清霄内。"

平云："子这一问太高生。"

师云："龙生金凤子，冲破碧琉璃。"

平云："且坐吃茶。"又问："近离甚处？"

师云："龙光。"

平云："龙光近日如何？"

师便出去。

【校注】

①原本"问"字下有"曰"字，柳田本认为是误加，今从之删去。

到大慈。慈在方丈内坐。师问："端居丈室时如何？"

慈云："寒松一色千年别，野老拈花万国春。"

师云："今古永超圆智体，三山锁断万重关。"

慈便喝。师亦喝。慈云："作么？"

师拂袖便出。

到襄州华严。严倚拄杖作睡势。师云："老和尚瞌睡作么？"

严云："作家、禅客，宛尔不同。"

师云:"侍者,点茶来与和尚吃。"
严乃唤维那:"第三位安排这上座。"

到翠峰。峰问:"甚处来?"
师云:"黄檗来。"
峰云:"黄檗有何言句指示于人?"
师云:"黄檗无言句。"
峰云:"为什么无?"
师云:"设有,亦无举处。"
峰云:"但举看。"
师云:"一箭过西天。"

到象田。师问:"不凡不圣,请师速道。"
田云:"老僧只与么。"
师便喝云:"许多秃子在这里觅什么碗?"

到明化。化问:"来来去去作什么?"
师云:"只徒踏破草鞋。"
化云:"毕竟作么生?"
师云:"老汉话头也不识。"

往凤林,路逢一婆。婆问:"甚处去?"
师云:"凤林去。"
婆云:"恰值凤林不在。"

师云:"甚处去?"

婆便行①。师乃唤婆。婆回头,师便行②。

【校注】

①"行",柳田本据《续开古尊宿语要》本改作"打"字。从情理看,以不改为宜。

②"行",原本作"打"字,据四家录本、明藏本校改。柳田本因袭不改。

到凤林。林问:"有事相借问,得么?"

师云:"何得剜肉作疮?"

林云:"海月澄无影,游鱼独自迷。"

师云:"海月既无影,游鱼何得迷?"

林①云:"观风知浪起,玩水野帆飘。"

师云:"孤轮独照江山静,自笑一声天地惊。"

林云:"任将三寸辉天地,一句临机试道看。"

师云:"路逢剑客须呈剑,不是诗人莫献诗。"

凤林便休。师乃有颂:"大道绝同,任向西东;石火莫及,电光罔通。"

沩山乃问仰山:"石火莫及,电光罔通。从上诸圣将什么为人?"仰山云:"和尚意作么生?"沩山云:"但有言说,都无实义。"仰山云:"不然。"沩山云:"子又作么生?"仰山云:"官不容针,私通车马。"

【校注】

①原本"林"前有"凤"字,据四家录本、明藏本删。

到金牛。牛见师来,横按拄杖,当门踞坐。师以手敲拄杖三下,却归堂中第一位坐。牛下来见,乃问:"夫宾主相见,各具威仪。上座从何而来,太无礼生。"

师云:"老和尚道什么?"

牛拟开口,师便打。牛作倒势。师又打。

牛云:"今日不著便。"

沩山问仰山:"此二尊宿还有胜负也无?"仰山云:"胜即总胜,负即总负。"

师临迁化时,据坐云:"吾灭后,不得灭却吾正法眼藏。"

三圣出云:"争敢灭却和尚正法眼藏。"

师云:"已后有人问你,向他道什么?"

三圣便喝。师云:"谁知吾正法眼藏,向这瞎驴边灭却!"

言讫,端然示寂。

师讳义玄,曹州南华人也。俗姓邢氏。幼而颖异,长以孝闻。及落发受具,居于讲肆,精究毗尼,博赜经论。俄而叹曰:"此济世之医方也,非教外别传之旨。"

即更衣游方,首参黄檗,次谒大愚。其机缘语句,载于行录。

既受黄檗印可，寻抵河北镇州城东南隅，临滹沱河侧小院住持。其"临济"因地得名。时普化先在彼，佯狂混众，圣凡莫测。师至，即佐之。师正旺化，普化全身脱去。乃符仰山小释迦之悬记也。

　　适丁兵革，师即弃去。太尉默君和于城中舍宅为寺，亦以"临济"为额，迎师居焉。

　　后拂衣南迈。至河府，府主王常侍延以师礼。住未几，即来大名府兴化寺，居于东堂。师无疾，忽一日摄衣据坐，与三圣问答毕，寂然而逝。时唐咸通八年丁亥孟陬月十日也。

　　门人以师全身，建塔于大名府西北隅。敕谥慧照禅师，塔号澄灵。

　　合掌稽首，记师大略。

住镇州保寿嗣法小师延沼谨书

镇州临济慧照禅师语录终

住大名府兴化嗣法小师存奖校勘
住福州鼓山圆觉苾刍宗演重开①

【校注】

① "住福州……宗演重开"一行，是据原本底注所引日本延德三年（1491）覆刻南宋宗演重刻《临济录》本（《大正藏》称此为乙本）的文字补加。前面"住大名府……存奖校勘"一行，柳田本认为是宗演重刻印时加上的。另，原本（《大正藏》本——日本德富猪一郎收藏本）最后刊有"永享九年八月十五日板在法性寺东京所"十七字。永享九年是日本年号，为公元1437年，是日本覆刻元版《临济录》之年。

附 录

明藏本《临济录》所增加的部分

师见普化,乃云:"我在南方驰书到沩山时,知你先在此住,待我来。及我来,得汝佐赞我。今欲建立黄檗宗旨,汝切须为我成褫。"

普化珍重下去。

克符后至,师亦如是道。符亦珍重下去。

三日后,普化却上问讯云:"和尚前日道甚么?"

师拈棒便打下。

又三日,克符亦上问讯云:"和尚前日打普化作什么?"

师亦拈棒打下。

师会下有同学二人相问:"离却中下二机,请兄道一句子。"

一人云:"拟问即失。"

一人云:"恁么则礼拜老兄去也。"

前人云:"贼。"

师闻得,升堂云:"要会临济宾主句,问取堂中二禅客。"便下座。

师升堂。有僧出,师便喝。僧亦喝,便礼拜。师便打,问僧:"甚处来?"

曰:"定州来。"

师拈棒。僧拟议,师便打。僧不肯。师曰:"已后遇明眼人去在。"

僧后参三圣,才举前话,三圣便打。僧拟议,圣又打。

师应机多用喝。会下参徒亦学师喝。师曰:"汝等总学我喝。我今问汝:有一人从东堂出,一人从西堂出,两人齐喝一声。这里分得宾主么?汝且作么生分?若分不得,已后不得学老僧喝。"

示众云:"我有时先照后用,有时先用后照,有时照用同时,有时照用不同时。先照后用,有人在;先用后照,有法在;照用同时,驱耕夫之牛,夺饥人之食,敲骨取髓,痛下针锥;照用不同时,有问有答,立宾立主,合水和泥,应机接物。若是过量人,向未举已前,撩起便行,犹较些子。"

又有僧来参。师举起拂子。僧曰:"谢和尚指示。"
师亦打。

附编一

临济和尚传

南唐　招庆寺静、筠二禅德

临济和尚，嗣黄檗，在镇州。

师讳义玄，姓邢①，曹南人也。自契黄檗机锋，乃阐化于河北，提纲峻速，示教幽深。其于枢秘，难陈示诲，略申少分。

师有时谓众云："山僧分明向你道，五阴身田内，有无位真人，堂堂露现，无毫发许间隔。何不识取？"时有僧问："如何是无位真人？"师便打之，云："无位真人是什么②不净之物！"

雪峰闻举云："临济③太似好手。"

师问落浦④："从上有一人行棒，有一人行喝，还有亲疏也无？"落浦云："如某甲所见，两个总不亲。"师云："亲处作么生？"落浦遂喝。师便打之。

因德山见僧参爱趁打，师委得，令侍者到德山："打汝汝便接取拄⑤杖，以拄⑥杖打一下。"侍者遂到德山，皆依师指。德山便归丈室。侍者却归举似师。[师] 云："从来疑这个老汉。"

因僧侍立次，师竖起拂子。僧便礼拜。师便打之。后因僧侍立次，师竖起拂子，其僧并不顾。师亦打之。

云门代云："只宜专甲。"

黄檗和尚告众曰："余昔时同参大寂，道友名曰大愚。此人诸方行脚，法眼明彻，今在高安，愿不好郡居，独栖山舍。与余相别时，叮嘱云：他后或逢灵利者，指一人来相访。"于时师在众，闻已，便往造谒。

既到其所，具陈上说。至夜间，于大愚前说《瑜伽论》，谈唯识，复申问难。大愚毕夕峭然不对。及至旦来，谓师曰："老僧独居山舍，念子远来，且延一宿。何故夜间于吾前无羞惭，放不净？"言讫，杖之数下，推出，关却门。

师回黄檗，复陈上说。黄檗闻已稽首，曰："作者如猛火燃，喜子遇人。何乃虚往？"

师又去，复见大愚。大愚曰："前时无惭愧，今日何故又来？"言讫便棒，推出门。

师复返黄檗，启闻和尚："此回再返，不是空归。"黄檗曰："何故如此？"师曰："于一棒下，入佛境界。假使百劫粉骨碎身，顶擎绕须弥山经无量匝，报此深恩，莫可酬得。"黄檗闻已，喜之异常，曰："子且解歇，更自出身。"

师过旬日，又辞黄檗，至大愚所。大愚才见，便拟棒师。师接得棒子，则便抱倒大愚，乃就其背殴之数拳。大愚遂连点头曰："吾独居山舍，将谓空过一生，不期今日，却得一子。"

先招庆和尚举终，乃问师演侍者曰："既因他得悟，何以却将拳打他？"侍者曰："当时教化全因佛，今日威拳总属君。"

师因此侍奉大愚,经十余年。大愚临迁化时,嘱师云:"子自不负平生,又乃终吾一世。已后出世,传心第一,莫忘黄檗⑦。"

自后,师于镇府匡化,虽承黄檗,常赞大愚。至于化门,多行棒喝。有时谓众云:"但一切时中,便莫间断,触目皆是,因何不会?只为情生智隔,想变体殊,所以三界轮回,受种种苦。大德,心法无形,通贯十方,在眼曰见,在耳曰闻,在手执捉,在脚运⑧奔。本是一精明,分成六和合。心若不生,随处解脱。大德,欲得山僧见处,坐断报化佛头,十地满心,犹如客作儿。何以如此?盖为不达三祇劫空,所以有此障[碍]。若是真正道流,尽不如此。大德,山僧略为诸人大约话破纲宗,切须自看。可惜时光,各自努力!"

自余应机对答,广彰别录矣。

咸通七年丙戌岁四月十日示化,谥号慧照大师,澄虚⑨之塔。

(取自日本中文出版社影印本《祖堂集》卷十九)

【校注】

①"邢",原本作"刑"字,据《临济录·行录》及《宋高僧传》卷十二、《景德传灯录》卷十二《义玄传》校改。

②"么",原作"摩"字,此与《临济录》中的"么"同义,"什摩"、"作摩"即《临济录》中的"什么"、"作么"。为与前面《临济录》一致,在这种场合的"摩"字,一律改作"么",不再注明。

③"临济",原作"林际"。

④"落浦",在《临济录·勘辨》的相应段落作"乐普",谓是临济义玄的侍者。名元安(834~898),《祖堂集》卷九、《宋高僧传》卷十二、《景德传灯录》卷十六有传,在参谒临济后,嗣石头法系的夹山善会,因曾在沣州乐普山传法而得号"乐普"。

⑤⑥"拄杖"的"拄"字,原皆误作"柱"字。

⑦"黄檗",原本误写作"葉"字。

⑧"运",原作"云"字,据《临济录》相关文字改。

⑨"澄虚",《宋高僧传·元安传》同,但在《临济录·行录》、《景德传灯录·元安传》皆作"澄灵"。

唐真定府临济院义玄传

宋　赞宁

释义玄，俗姓邢，曹州南华人也。参学诸方，不惮艰苦。因见黄檗山运禅师，鸣啄同时，了然通彻。乃北归乡土，俯徇赵人之请，住子城南临济焉。罢唱经论之徒，皆亲堂室。示人心要，颇与德山相类。

以咸通七年丙戌岁四月十日示灭，敕谥慧照大师，塔号澄虚。言教颇行于世，今恒阳号临济禅宗焉。

（取自《碛砂藏》本《宋高僧传》卷十二）

镇州临济义玄禅师传

宋 道原

镇州临济义玄禅师，曹州南华人也。姓邢氏，幼负出尘之志，及落发进具，便慕禅宗。

初在黄檗，随众参侍。时堂中第一座勉令问话。师乃问："如何是祖师西来的的意？"黄檗便打。如是三问三遭打。遂告辞第一座，云："早承激劝问话，唯蒙和尚赐棒。所恨愚鲁，且往诸方行脚去。"上座遂告黄檗云："义玄虽是后生，却甚奇特，来辞时，愿和尚更垂提诱。"来日，师辞黄檗。黄檗指往大愚。

师遂参大愚。愚问："什么处来？"曰："黄檗来。"愚问曰："黄檗有何言教？"曰："义玄亲问西来的的意，蒙和尚便打。如是三问，三转被打，不知过在什么处。"愚曰："黄檗恁么老婆，为汝得彻困，犹觅过在。"师于是大悟云："佛法也无多子。"愚乃挡师衣领云："适来道我不会，而今又道无多子。是多少来，是多少来？"师向愚肋下打一拳。愚托开云："汝师黄檗，非干我事。"

师却返黄檗。黄檗云："汝回太速生。"师云："只为老婆心切。"黄檗云："这大愚老汉，待见与打一顿。"师云："说什么待见，即今便打。"遂鼓黄檗一掌。黄檗哈哈大笑。

黄檗一日普请锄蘴谷次，师在后行。黄檗回头见师空手，乃问："钁头在什么处？"师云："有人将去了也。"黄檗云："近前来,共汝商量。"师近前叉手。黄檗竖起钁头,云:"只这个,天下人拈掇不起。还有人拈掇得么?"师就手掣得竖起云:"为什么却在义玄手里?"黄檗云:"今日自有人普请。"便归院。

沩山因仰山侍立次,方举此话,未了。仰山便问:"钁在黄檗手里,为什么被临济夺却?"沩山云:"贼是小人,智过君子。"

黄檗一日普请锄茶园。黄檗后至。师问讯,按钁头而立。黄檗曰:"莫是困邪?"曰:"才钁地,何言困。"黄檗举拄杖便打。师接杖,推倒和尚。黄檗呼维那:"维那,拽起我来!"维那拽起曰:"和尚,争容得这风汉?"黄檗却打维那。师自钁地云:"诸方即火葬,我这里活埋。"

沩山问仰山:"只如黄檗与临济,此时意作么生?"仰山云:"作贼人走却,逻贼人吃棒。"沩山云:"如是,如是。"

师一日在黄檗堂里睡。黄檗入来,以拄杖于床边敲三下。师举首见是和尚,却睡。黄檗打席三下,去上间,见第一座。黄檗曰:"这醉汉,岂不如下间禅客坐禅。汝只管目睡。"上座曰:"这老和尚患风邪!"黄檗打之。

沩山举问仰山:"只如黄檗,意作么生?"仰山云:"一彩两赛。"

师与黄檗栽杉。黄檗曰:"深山里栽许多树作么?"师曰:"与后人作古记。"乃将锹拍地两下。黄檗拈起拄杖曰:"汝吃我棒了也。"师作嘘嘘声。黄檗曰:"吾宗到汝,此记方出。"

沩山举问仰山:"且道黄檗后语但嘱临济,为复别有意旨?"仰山云:"亦嘱临济,亦记向后。"沩山云:"向后作么生?"仰山云:"一人指南,吴越令行。"南塔和尚注云:"独坐震威,此记方出。"又云:"若遇大风,此记亦出。"沩山云:"如是,如是。"

师因半夏上黄檗山,见和尚看经。师曰:"我将谓是个人,元来是揞②黑豆老和尚。"住数日乃辞去。黄檗曰:"汝破夏来,不终夏去?"师曰:"某甲暂来礼拜和尚。"黄檗遂打趁令去。师行数里,疑此事,却回终夏。师一日辞黄檗。黄檗曰:"什么处去?"曰:"不是河南,即河北去。"黄檗拈起拄杖便打。师捉住拄杖曰:"这老汉,莫盲枷瞎棒,已后错打人。"黄檗唤使者,把将几案禅板来。师曰:"侍者,把将火来!"黄檗曰:"不然,子但将去,已后坐断天下人舌头在。"师即便发去。

师到熊耳塔头。塔主问:"先礼佛,先礼祖?"师曰:"祖佛俱不礼。"塔主曰:"祖佛与长老有什么冤家?俱不礼。"师无对。

又别举云:"师问塔主:先礼佛,先礼祖?"塔主曰:"祖佛是什么人弟子?"师拂袖便去。

师后还乡党,俯徇赵人之请,住子城南临济禅苑。学侣奔凑。一日上堂曰:"汝等诸人,赤肉团上③有一无位真人,常向诸人面门出入。汝若不识,但问老僧。"时有僧问:"如何是无位真人?"师便打,云:"无位真人是什么干屎橛!"

后雪峰闻,乃曰:"临济大似白拈贼。"

师问乐普云:"从上来一人行棒,一人行喝,阿那个亲?"对曰:"总不亲。"师曰:"亲处作么生?"普便喝。师乃打。

师问木口和尚:"如何是露地白牛?"木口曰:"吽。"师曰:"哑。"木口曰:"老兄作么生?"师曰:"这畜生!"

大觉到参，师举拂子。大觉敷坐具。师掷下拂子。大觉收坐具，入僧堂。众僧曰："这僧莫是和尚亲故，不礼拜，又不吃棒。"师闻，令唤新到僧。大觉遂出。师曰："大众道汝未参长老。"大觉云："不审。"便自归众。

麻谷第二世到参，敷坐具，问："十二面观音，阿那面正？"师下绳床，一手收坐具，一手挡麻谷，云："十二面观音向什么处去也？"麻谷转身，拟坐绳床。师拈拄杖打。麻谷接却，相捉入方丈。

师上堂云："大众，夫为法者，不避丧身失命。我于黄檗和尚处，三度吃棒，如蒿枝拂相似。如今更思一顿吃，谁为我下得手？"时有僧曰："某甲下得手。和尚合吃多少？"师与拄杖。其僧拟接，师便打。

僧问："如何是第一句？"师曰："三要印开朱点窄，未容拟议主客分。"曰："如何是第二句？"师曰："妙解岂容无著问，沤和争负截流机。"曰："如何是第三句？"师曰："看取棚头弄傀儡，抽牵全借里头人。"师又曰："夫一句语须具三玄门，一玄门须具三要，有权有用。汝等诸人作么生会？"

师唐咸通七年丙戌四月十日将示灭，乃说传法偈曰："沿流不止问如何，真照无边说似他。离相离名如不禀，吹毛用了急须磨。"偈毕坐逝。敕谥慧照大师，塔曰澄灵。

（取自《大正藏》本《景德传灯录》卷十二）

【校注】

① "这"字,原本作"遮",有的地方也作"这"字。现一律作"这"。

② "揞",原本作"唵"字,参《临济录》改。

③ "赤肉团上",上海涵芬楼影印本作"肉团心上"。

附　录

(一)《传灯玉英集》卷六《镇州临济义玄禅师》

黄檗普请锄薏谷,回见师在后空手立,乃问:"钁在何处?"师曰:"上座将去也。"黄檗曰:"近前来,共汝商量。"师向前叉手。黄檗将钁头钁地,曰:"我这钁,天下人拈掇不起,还有人拈得起么?"师掣得举起云:"钁在义玄手里。"黄檗曰:"今日自有人赴普请,我不著去也。"便自归院。

沩山因仰山侍立次,方举此话,未了。仰山便问:"钁在黄檗手里,为什么被临济夺却。"沩山曰:"贼是小人,智过君子。"

师与黄檗栽杉。黄檗曰:"深山里栽许多树,作么?"师曰:"与后人作古记。"乃将锹拍地两下。黄檗拈起拄杖曰:"汝吃我棒了也。"师作嘘嘘声。黄檗曰:"吾宗到汝,此记方出。"

沩山举问仰山:"且道黄檗后语但嘱临济,为复别有意旨?"仰山曰:"亦嘱临济,亦记向后。"沩山云:"向后作么生?"仰山云:"一人指南,吴越令行。"南塔和尚注云:独坐震威,此记方出。又云:若遇大风,此记亦出。沩山云:"如是,如是。"

一日上堂,曰:"汝等诸人肉团心上有一无位真人,常向诸人面门出入。汝若不识,但问老僧。"时有一僧问:"如何是无位真人?"师便打,云:"无位真人是什么干屎橛!"

后雪峰闻,乃曰:"临济大似白拈贼。"

师问乐普云:"从上来一人行棒,一人行喝,阿那个亲?"对曰:"总不亲。"师曰:"亲处作么生?"普便喝。师乃打。

麻谷到参,敷坐具,问:"十二面观音,阿那面正?"师下床,一手收坐具,一手拑麻谷云:"十二面观音向什么处去也?"麻谷转身,拟坐绳床。师拈拄杖打。麻谷接却,入方丈。

师将示灭,乃说偈曰:"沿流不止问如何,真照无边说似他。离相离名人不禀,吹毛用了极还么。"

(《禅宗全书》所收影印《赵城藏》本《传灯玉英集》)

(二)《景德传灯录》卷二八《镇州临济义玄和尚语》

镇州临济义玄和尚示众曰:

今时学人,且要明取自己真正见解,若得自己见解,即不被生死染,去住自由,不要求他殊胜,殊胜自备。如今道流,且要不滞于惑,要用便用。如今不得,病在何处?病在不自信处。自信不及,即便忙忙徇一切境。脱大德若能歇得念念驰求心,便与祖师不别。汝欲识祖师么?即汝目前听法底是。学人信不及,便向外驰求,得者只是文字学,与他祖师大远在。

莫错，大德，此时不遇，万劫千生轮回三界，徇好恶境，向驴牛肚里去也。如今诸人与古圣何别？汝欠少什么？六道神光未曾间歇。若能如此见，是一生无事人。一念净光是汝屋里法身佛，一念无分别光是汝报身佛，一念无差别光是汝化身佛。此三身即是今日目前听法底人。为不向外求，有此三种功用。据教，三种名为极则。约山僧道，三种是名言。故云：身依义而立，土据体而论。法性身、法性土，明知是光影。大德，且要识取弄光影人是诸佛本源，是一切道流归舍处。

大德，四大身不解说法听法，虚空不解说法听法，是汝目前历历孤明勿形段者解说法听法。所以山僧向汝道：五蕴身田内有无位真人，堂堂显露，无丝毫许间隔，何不识取？

心法无形，通贯十方，在眼曰见，在耳曰闻，在手执捉，在足运奔。心若不在，随处解脱。

山僧见处，坐断报化佛顶，十地满心，犹如客作儿。等妙二觉，如担枷带锁；罗汉辟支，犹如粪土；菩提涅槃，系驴马橛。何以如斯？盖为不达三祇劫空，有此障隔。若是真道流，尽不如此。

如今略为诸人大约话破，自看远近。时光可惜，各自努力。珍重！

（《大正藏》本所收《景德传灯录》）

临济义玄禅师略传

宋　契嵩

大鉴之六世，曰：镇州临济义玄禅师。

曹州南华人也。姓邢氏，少有远志，戒后即务学宗乘。及往黄檗法会，其上座僧初劝禅师问法于黄檗，曰："如何是祖师西来的的意。"黄檗便打。禅师凡三问，黄檗皆三打之。师以此乃告辞其上座僧。上座遂谓黄檗曰："义玄虽后生，可教，若辞去，师宜多方接之。"明日义玄果辞。黄檗遂谓："汝可往大愚。"

及玄至，大愚因问曰："什处来？"玄曰："黄檗来。"大愚曰："黄檗有何言教？"曰："义玄尝三问：如何是西来的的意，为其三度打之，不知过在何处？"大愚曰："黄檗恁么老婆，为汝得彻困，犹觅过在。"玄于是大悟，曰："元来佛法也无多子。"大愚遽掐玄曰："汝适来道我不会，而今又道无多子，是汝见个什么道理？"玄遂挥大愚肋下三拳。大愚托开玄云："汝师黄檗，非干我事。"

玄却返黄檗。黄檗问曰："汝回何速？"玄曰："只为老婆心切。"黄檗曰："大愚这老汉，待见与打一顿。"玄曰："说什么待见，即今便打。"遂鼓黄檗一掌。黄檗吟吟大笑。

禅师后乃还赵。赵人慕之，遂命居临济。学者闻风，皆不远归之。其所出法嗣凡二十四人[①]：

一曰鄂州灌溪志闲者，一曰幽州谭空者，一曰镇州宝寿沼和尚者，一曰镇州三圣慧然者，一曰魏府存奖者，一曰定州善崔者，一曰镇州万岁和尚者，一曰云山和尚者，一曰桐峰庵主者，一曰杉洋庵主者，一曰涿州纸衣和尚者，一曰虎溪庵主者，一曰覆盆庵主者，一曰襄州历村和尚者，一曰沧州米仓和尚者，一曰齐耸者，一曰涿州秀禅师者，一曰善权彻禅师者，一曰金沙禅师者，一曰允诚禅师者，一曰新罗智异山和尚者，一曰魏府大觉者②，一曰定上座者，一曰骰上座者。

（取自1915年江北刻经处本《传法正宗记》卷七）

【校注】

①《景德传灯录》卷十二载临济的嗣法弟子有二十二人，其中无这里所载最后二人；在这二十二人中，仅载录沧州米仓和尚以上十六人的传记语录。

②以上当是继承《景德传灯录》卷十二关于临济嗣法弟子的记载。宋王随《传灯玉英集》虽是删节道原《景德传灯录》而成，但与现在通用本《景德传灯录》有所不同。据此书卷六，襄州历村和尚嗣沩山法系的邓州智闲禅师，魏府大觉禅师嗣黄檗希运禅师，皆不是临济义玄的法嗣。

临济义玄禅师法嗣

宋 道原

(一) 灌溪志闲禅师

魏府馆陶人也,姓史氏。幼从柏岩禅师披剃,二十受具,后见临济和尚。和尚掐住良久,放之。师曰:"领矣。"

往后谓众曰:"我见临济无言语,直至如今饱不饥。"问:"请师不借。"师曰:"我满口道不借。"师又曰:"大庾岭头佛不会,黄梅路上没众生。"师会下一僧去参石霜。石霜问:"什么处来?"云:"灌溪来。"石霜云:"我北山住,不如他南山住。"僧无对。师闻云:"但道修涅槃堂了也。"

僧问:"久向灌溪,到来只见沤麻池。"师曰:"汝只见沤麻池,不见灌溪。"僧曰:"如何是灌溪?"师曰:"剪箭急。"

后人举似玄沙。玄沙云:"更学三十年未会禅。"

问:"如何是古人骨?"师曰:"安置不得。"曰:"为什么安置不得?"师曰:"金乌那教下碧天。"问:"金锁断后如何?"师曰:"正是法汝处。"问:"如何是细?"师曰:"回换不回换。"曰:"末后事如何?"师曰:"忌丈六口头。"问:"如何是一色?"师曰:"不随。"曰:"一色后如何?"师曰:"有阇梨承当分也无?"问:"今日一会,抵敌何人?"师曰:"不为凡圣。"问:"一句如何?"师曰:"不落千圣机。"问:"如何是洞中水?"师曰："不洗人。"

师唐乾宁二年乙卯五月二十九日问侍者曰："坐死者谁？"曰："僧伽。"[问]："立死者谁？"曰："僧会。"乃行六七步，垂手而逝。

（二）镇州宝寿沼和尚第一世住

僧问："万境来侵时如何？"师曰："莫管他。"僧礼拜。师曰："不要动著，动著即打折汝腰。"

赵州谂和尚来。师在禅床，背面而坐。谂展坐具礼拜。师起入方丈。谂收坐具而出。

师问僧："什么处来？"曰："西山来。"师曰："见猕猴么？"曰："见。"师曰："作什么伎俩？"曰："见某甲一个伎俩也作不得。"师打之。

胡钉铰参。师问："汝莫是胡钉铰？"曰："不敢。"师曰："还解钉得虚空否？"曰："请和尚打①破，某甲与钉。"师以拄杖打之。胡曰："和尚莫错打某甲。"师曰："向后有多口阿师与汝点破在。"

赵州云："只这一缝，尚不奈何。"乃代云："且钉这一缝。"

问："万里无片云时如何？"师曰："青天亦须吃棒。"

师将顺世，谓门人曰："汝还知我行履处否？"对曰："知，和尚一生长坐不卧。"师又令近前。门人近前。师曰："去，非吾眷属。"言讫而化。

【校注】

① "打",原本作"折"字。《大正藏》本底注:明本作"打"字;《传灯玉英集》卷六《宝寿沼和尚传》亦作"打"字。据校。

(三) 镇州三圣院慧然禅师

自临济受诀,遍历丛林,至仰山。仰山问:"汝名什么?"师曰:"名慧寂。"仰山曰:"慧寂是我名。"师曰:"我名慧然。"仰山大笑而已。

师到香岩。岩问:"什么处来?"师曰:"临济来。"岩曰:"将得临济剑来么?"师以坐具蓦口打而去。

师到德山,才展坐具。德山云:"莫展炊巾。这里无锬饭①。"师曰:"纵有也无著处。"德山以拄杖打师。师接住,却推德山向禅床上。德山大笑。师哭苍天而去。

师在雪峰,闻峰垂语云:"人人尽有一面古镜。这个猕猴亦有一面古镜。"师出问:"历劫无名,和尚为什么立—作彰为古镜?"峰云:"瑕生也。"师咄曰:"这老和尚话头也不识。"峰云:"罪过,老僧住持事多。"

师见宝寿和尚开堂。师推出一僧在宝寿前。宝寿便打其僧。师曰:"长老若恁么为人,瞎却镇州一城人眼在。"

法眼云:"什么是瞎却人眼处?"

【校注】

① "锬饭",《五灯会元》卷十一《三圣慧然传》作"残

羹馊饭"。

（四）魏府大觉禅师①

兴化存奖禅师为院宰时，师一日问曰："我常闻汝道：向南行一回，拄杖头未曾拨著个会佛法底人。汝凭什么道理有此语？"兴化乃喝。师便打。兴化又喝。师又打。来日兴化从法堂过。师召曰："院主，我直下疑汝昨日行底喝，与我说来。"兴化云："存奖平生于三圣处学得底，尽被和尚折倒了也。愿与存奖个安乐法门。"师曰："这瞎驴来这里纳败缺，卸却衲帔，待痛决一顿！"兴化即于语下领旨。虽同师临济，而常以师为助发之友。

师临终时谓众曰："我有一只箭，要付与人。"时有一僧出云："请和尚箭。"师云："汝唤什么作箭？"僧喝。师打数下，自归方丈，却唤其僧入来，问云："汝适来会么？"僧云："不会。"师又打数下，掷却拄杖，云："已后遇明眼人分明举似。"便乃告寂。

【校注】

①宋王随《传灯玉英集》卷六将魏府大觉禅师作为黄檗希运的嗣法弟子。

（五）魏府兴化存奖禅师

存奖禅师问僧："什么处来？"曰："崔禅处来。"师曰："将得崔禅喝来否？"曰："不将得来。"师曰："恁么即不从崔禅处来。"僧喝之。师遂打。

师谓众曰:"我只闻长廊也喝,后架也喝。诸子汝莫盲喝,乱喝,直饶喝得兴化向半天里住,却扑下来气欲绝。待兴化苏息起来向汝道未在。何以故?我未曾向紫罗帐里撒真珠,与汝诸人,虚空里乱喝作什么?"

师谓克宾维那曰:"汝不久当为唱导之师。"克宾曰:"不入这①保社。"师曰:"会了不入,不会不入?"宾云:"总不与么。"师便打,乃云:"克宾维那法战不胜,罚钱五贯,设饭一堂。"至明日,师自白槌云:"克宾维那法战不胜,罚钱五贯,设饭一堂,不得吃饭,即时出院。"

僧问:"国师唤使者意作么生?"师曰:"一盲引众盲。"师有时唤僧某甲,僧应诺。师曰:"点即不到。"又别唤一僧,僧应诺。师曰:"到即不点。"

师后为后唐庄宗师。庄宗一日谓师曰:"朕收大梁,得一颗无价明珠,未有人酬价。"师曰:"请陛下珠看。"帝以手舒开幞头脚。师曰:"君王之宝,谁敢酬价。"

玄觉征云:"且道兴化肯同光不肯同光,若肯同光,兴化眼在什么处?若不肯同光,过在什么处?"

师灭后,敕谥广济大师,塔曰通寂。

(《大正藏》本《景德传灯录》卷十二)

【校注】

①"这",原作"者"字。此处"者"同"这"字。据明本改。

魏州故禅大德奖公塔碑

唐　公乘亿

　　盖闻妙谛惟玄，不可以一理测；真筌至奥，不可以诸相求。随万化而泯色空，而不生不灭；超三界而越尘垢，故无去无来。此乃不思议者，其惟西方释迦牟尼佛之谓乎？

　　伏自教传西域，化被中原，汉明推入梦之祥，梁武显施身之愿。语其大也，外不见须弥之广；言其小也，内不知芥子之微。斯乃梵玺裒①然，代代相付，肇自摩诃迦叶，迄于师子尊者，统为二十三代，而后达摩多罗降于汉土，至能、秀分之为七，而后苞披叶附，派别脉分。其真宗不泯不灭者，则我大觉大师固有系焉。

　　和尚姓孔，字存奖，家本邹鲁，即阙里之裔孙也。乃祖乃父，因官隶于蓟门，历祀既深，籍同编人。和尚以无量劫中修菩萨行，及兹降世，岂同凡伦？当衣采之妙龄，蓄披缁之大志，未逾七岁，即悟三乘，启白所亲，恳求剃落。遂于蓟三河县盘山甘泉院依止禅大德晓方，乃亲承杖履，就侍瓶盂。启顾全身，惟思半偈。

　　大中五年，伏遇卢龙军节度使张公奏置②坛场，和尚是时戒相方具。而后大中九年，再遇侍中张公重起戒坛于涿郡。众请和尚以六逾星纪，三统讲筵，宣金石之微言，示玉毫之真相。三千大千之世界，靡不瞻依；十一十二之因缘，竟无凝滞。

禅大德玄公者，即临济大师也。和尚一申礼谒，得奉指归，传黄檗之真筌，授白云之秘诀。所为醍醐味爽，乍灌顶以皆醒；薝卜花香，才经手而分馥。一旦旋辞旧刹，愿离诸方，西自京华，南经水国，至于攀萝冒险，踏石眠云，经吴会兴废之都，尽梁武庄严之地，无不追穷圣迹，探讨禅宗。后过钟陵，伏遇仰山大师方开法宇，大启禅扃。赴地主之邀迎，会天人之供施。面陈奥义，众莫能分。和尚立以剖之，如刀解物。仰山目贻击指，称叹再三。

遽闻临济大师已受蒲③相蒋公之请，才凝省侍，飞锡而遽及中条，寻获参随。置杯④而将渡白马，当道先太尉中令何公，专发使人迎请临济大师。和尚翼从一行，不信宿而至于府下，而乃止于观音寺江西禅院，而得簪裾继踵，道俗连肩。曾未期年，是至迁化。斯盖和尚服勤道至，展敬情深，无乖灵堵之仪，克尽茶毗之礼云。

乾符二年，有幽州节度、押两蕃副使、检校秘书兼御史中丞、赐紫金鱼袋董廓，及幽州临坛律大德沙门僧惟信，并涿州石经寺监寺律大德弘屿等，咸欲指陈盘岭，祈请北归。和尚欲徇众情，将之蓟部，晨诣衙庭，启述行迈。先时，中丞韩公之叔曰赞中，遽闻告去，抚掌大惊，乃曰："南北两地，有何异也？魏人何薄，燕人何厚？如来之敬，岂如是耶？"和尚辞不获已，许立精舍。韩公之叔常侍及诸檀信，鸠集财货，卜得胜概，在于南砖门外，通衢之左，成是院也，有如化成。松楠将杞梓⑤俱来，文石与武夫荐至。重廊复道，竹翠松青，四户八窗，风轻月朗。和尚乐此幽致，用化群迷，开解脱门，演无量法，能使天花散地，水月澄空，常与四众天人，皆臻法要。六州士庶，尽结胜因。

岂谓一念俱尸，奄从物化。斯乃文德元年七月十二日也。享龄五十九，僧腊四十一。有亲信弟子藏晖、行简，一以主丧，一以传法。

大德奉先师之遗命，于龙纪元年八月二十二日于本院焚我真身，用观法相。阖城禅律，继踵争来；四达簪裾，连肩悉至。于是幡花蔽日，螺呗⑥喧天。火才发而云自愁，薪不加而风助势，三日三夜，号礼如斯。于香烬中得舍利一千余粒。诸寺大德，各各作礼，请分供养焉。

於戏！雪甃如故，其仪宛然。捧⑦一履以徒悲，仰双林而莫见。遂建塔于府南贵乡县熏凤里，附于先师之塔志也。亿到职之初，曾获瞻礼。法主大德藏晖，不以亿才业庸浅，具闻于我公，相请撰斯文。亿秉笔惕然，得尽芜鄙。铭曰：

传如来教，厥惟大雄。百万劫外，方丈室中。慈悲是念，色相皆空。端然不动，岂染尘蒙。其一

矫迹三界，安心四禅。身虽是假，道本无边。璞内有玉，火中生莲。传法何处，随其有缘。其二

越绝支道，匡庐远公。高情远致，迹异心同。既离邪缚，肯处凡笼？松轩竹径，空悲夜风。其三

我性不动，我心就燃。果得舍利，粒粒珠圆。幡花艳闪，螺呗⑧交连。唱偈作礼，声彻梵天。其四

宝刹新建，招提旧踪。莲芳不见，葱岭谁逢？响亮朝磬，清冷夜钟。历千万祀，传我禅宗。其五

（《文苑英华》卷八六八，参校《全唐文》卷八一三载本）

【校注】

① "裒"，原作"褒"字，中华书局影印本《文苑英华》本校注曰："疑作裒"，据改。《全唐文》本作"哀"字，于意不可取。

② "置"，原作"致"字，据《全唐文》本校改。

③ "蒲"，《全唐文》本作"满"字。

④ "置杯"，原作"致林"二字，据《全唐文》本改。

⑤ "梓"，原作"俱"字，据《全唐文》本改。

⑥ "呗"，原作"嗔"字，据《全唐文》本改。

⑦ "捧"，原作"俸"字，据《全唐文》本改。

⑧ "呗"，原作"嗅"字，据《全唐文》本改。

临济宗旨

宋 惠洪

汾阳昭禅师示众曰:"先圣云:一句语须具三玄,一玄中须具三要。阿那个是三玄三要底句?快会取好。各自思量,还得稳当也未?古德已前行脚,闻一个因缘,未明中间,直下饮食无味,睡卧不安,火急抉择,岂将为小事?所以大觉老人为一大事因缘,出现于世。想计他从上来行脚,不为游山玩水,看州府奢华,片衣口食。皆为圣心未通,所以驱驰行脚,抉择深奥,传唱敷扬,博问先知,亲近高德,盖为续佛心灯,绍隆佛种祖代,兴崇圣种,接引外机,自利利他,不忘先迹。如今还有商量者么?有即出来,大家商量。"

僧问:"如何是接初机底句?"答曰:"汝是行脚僧。"又问:"如何是辩①衲僧底句?"答曰:"西方日出卯。"又问:"如何是正令行底句?"答曰:"千里持来呈旧面。"又问:"如何是立乾坤底句?"答曰:"北俱卢洲长粳米,食者无嗔亦无喜②。"师曰:"只将此四转语验天下衲僧。才见汝出来,验得了也。"僧问:"如何是学人著力处?"答曰:"嘉州打大象。"问:"如何是学人转身处?"答曰:"陕府灌铁牛。"问:"如何是学人亲切处?"答:"西河弄师子。"师曰:"若人会此三句,已辨三玄。更有三要语在,切在荐取,不是等闲。与大众颂出曰:三玄三要事难分,得意忘言道易亲。一句明明该万象,重阳九日菊花新。还会么?恁么会得不是性燥。衲僧作么生会好?"

又举三玄语曰:"汝还会三玄底时节么?直须会取古人意旨,然后自心明去,更得通变自在,受用无穷,唤作自受用身佛。不从他教,便识得自家活计。所以南泉曰:王老师十八上解作活计。"僧便问:"古人十八上解作活计,未审作个什么活计?"答曰:"两只水牯牛,双角无栏楗。"复云:"若要于此明得去,直须得三玄旨趣,始得受用无碍,自家③庆快,以畅平生。大丈夫汉,莫教自辜,触事不通,彼此④无利济。与汝一切颂出曰:第一玄,法界广无边,森罗及万象,总在镜中圆;第二玄,释尊问阿难,多闻随事答,应器量方圆;第三玄,直出古皇前,四句百非外,间氏问丰干。"师乃曰:"这个是三玄底颂。作么生是三玄底旨趣?直教抉择分明,莫只与么望空里妄解⑤,道我曾亲近和尚来,与我说了。脱空谩话,诳吓他人,吃铁棒有日。莫言不道。"

又因采菊,谓众曰:"金花布地,玉蕊承天,杲日当空,乾坤朗曜,云腾致雨,露结为霜,不伤物义,道将一句来。还有道得底么?若道不得,眼中有屑,直须出却始得。所以风穴云:若立一尘,家国兴盛,野老颦蹙;不立一尘,家国丧亡,野老安帖。于此明去,阇梨无分,全是老僧;于此不明,老僧即是阇梨。阇梨与老僧,亦能悟却天下人,亦能瞎却天下人。要知老僧与阇梨么?拊其膝曰:这里是阇梨,这里是老僧。且问诸上座,老僧与阇梨是同是别?若道是同去,上座自上座,老僧自老僧;若道是别去,又道老僧即是阇梨。若能于此明得去,一句中有三玄三要，宾主历然，平生事办，参寻事毕。所以永嘉曰：粉骨碎身未足酬，一句了然超百亿。又曰：临济两堂首座，一日相见，齐下喝。僧问临济：还有宾主也无？答曰：宾主历然。"师作偈曰："两堂首座总作家，其中道理有分拿，宾主历然明似镜，宗师为点眼中花。"⑥

无尽居士谓予⑦曰："汾阳，临济五世之嫡孙，天下学者宗仰。观其提纲渠渠，唯论三玄三要。今其法脉，皆以谓三玄三要，一期建立之语，无益于道，但于诸法不生异见，一切平常，即是祖意。其说是否？"

予曰："居士闻其说，晓然了解，宁复疑汾阳提纲乎？"

曰："吾固疑而未决也。"

予曰："此其三玄三要之所以设也。所言一句中具三玄，一玄中具三要，有玄有要者，一切众生热恼海中清凉寂灭法幢也。此幢之建，譬如涂毒之鼓，挝之则闻者皆死，唯远闻者后死，若不横死者虽闻不死。临济无恙时，兴化、三圣、保寿、定上座辈，闻而死者。今百余年犹有悟其旨者，即后死者也。而诸法脉谓无益于道者，即不横死者也。祖宗门风，壁立万仞，而子孙畏之，喜行平易坦途，此所谓法道陵夷也。譬如衣冠称孔门弟子，而毁《易·系辞》，三尺童子笑之。

"临济但曰：一句中具三玄，一玄中具三要。有玄有要而已，初未尝自为句中玄、意中玄、体中玄也。古塔主者，误认玄沙三句为三玄，故但分三玄而遗落三要，丛林安之，不以为非，为可太息。玄沙曰：真常流注为平等法，但是以言遣言，以理逐理，为之明前不明后,盖分证法身之量,未有出格之句,死在句下。若知出格之量,则不被心魔所使,入到手中,便转换落落地,言通大道,不坐平常之见。此第一句也,古谓之句中玄。回机转位,生杀自在,纵夺随宜,出生入死,广利一切,回脱色欲爱见之境。此第二句也,古谓之意中玄。明阴洞阳,廓周沙界,一真体性,大用现前,应化无方,全用全不用,全生全不生,方便唤作慈定之门。此第三句也,古谓之体中玄。浮山远公亦曰意中玄,非意识之意。古不足道,远亦迷倒。予不可以不辩。"

无尽颔之。又曰:"吾顷见谢师,直称吴僧简程者有大知见,亲见慈明,盖是真点胸。杨岐道,吾之流亚。接人多举汾阳十智同真颂。遂闻其说。"

予曰:"十智同真与三玄三要,同一关捩。

汾阳曰:夫说法者,须具十智同真。若不具十智同真,邪正不辨⑧,缁素不分,不能与人天为眼目,决断是非。如鸟飞空而折翼,如箭射的而断弦。弦断故射的不中,翼折故空不可飞,弦壮翼牢,空的俱彻。作么生是十智同真?与诸上座点出:一同一质,二同大事,三总同参,四同真智⑨,五同遍普,六同具足,七同得失,八同生杀,九同音吼,十同得入。又云:与什么人同得入?与谁同音吼?作么生是同生杀?什么物同得失?阿那个同具足?是什么同遍普?何人同真智?孰能总同参?那个同大事?何物同一质?有点得出底么?点得出者,不吝慈悲;点不出者,未有参学眼在。切须辨⑩取,要识是非面目见在。⑪

"今此法门,丛林怕怖,不欲闻其名。何以言之?诸方但爱平实见解,执之不移,唯欲传授,不信有悟。借使汾阳复生,亲为剖析,亦以为非昔。阿难夜经行,闻童子诵经偈曰:若人生百岁,不善水潦鹤,未若生一日,而得决了之。阿难就教之曰:不善诸佛机,非水潦鹤也。童子归,白其师。师笑曰:阿难老昏矣,当以我语为是。于今学者之前,语三玄十智旨趣,何以异此?"

于是无尽嗟咨曰:"然其旨趣,岂无方便?"

予作偈曰:"十智同真面目全,于中一智是根源,若人欲见汾阳老,劈破三玄作两边。"

又问:"四种宾主,亦临济建立法门乎?"

予曰:"三世如来,诸代祖师,锻出凡圣情见之炉锤,非止临济用之。

"如龙山本见马祖。洞山价禅师初游方,与密师伯者偕行,经长沙龙山之下,见溪流菜叶。价回瞻峰峦深秀,谓密曰:个中必有隐者。乃并溪而进十许里,有老僧癯甚,以手加额,呼曰:此间无路,汝辈何自而至?价曰:无路且置,庵主自何而入?曰:我不曾云水。价曰:庵主住山几许时?曰:春秋不涉。价曰:庵主先住耶?此山先住耶?曰:不知。价曰:为什么不知?曰:我不从⑫人天来。价曰:得何道理,便尔住山?曰:我见⑬泥牛斗入海,直至而今无消息。价即班密之下而拜之。问:如何是主中宾?曰:青山覆白云。又问:如何是主中主⑭?曰:长年不出户。又问:主宾相去几何?曰:长江水上波。又问:宾主相见,有何言说?曰:青风拂白月。价再拜,求依止。老僧笑曰:

三间茅屋从来住,一道神光万境闲,莫作是非来辩⑮我,浮生穿凿不相关。⑯于是自焚其庵,深入层峰。

"其后价住山,问僧:何者是汝主人公?对曰:现祇对者。价仰而咨嗟曰:此所谓马后驴前事,奈何认以为自己乎。佛法平沉,此其兆也。客中主尚未明,况主中主哉。僧曰:如何是主中主?价曰:汝自道看。曰:道得即是客中主,如何是主中主?价良久曰:不辞向汝道,相续也大难。⑰"

予观龙山老僧之意,如萧何之识韩信,岂有法哉?而价公之论,如霍光之立朝,进止亦有律度。呜呼,后生之不见古人之大全也,必矣。价亦置主中主于胸中,可疑也。

予尝至临川,与朱世英游相好。俄,上蓝长老至。上蓝谓世英曰:"觉范闻工诗耳,禅则其师犹错,矧弟子耶。"世英笑曰:"师能勘验之乎?"上蓝曰:"诺。"居一日,同游疏山,饭于逆旅。上蓝以手画案,谓予曰:"经轴之上,必题以字,是何义。"予亦画圆相,横一画曰:"是此义也。"上蓝谔然。予为作偈曰:"以字不成八不是,法身睡著无遮闭;衲僧对面不知名,百众人前呼不起。"上蓝归,举似世英。世英拊手曰:"孰为诗僧,亦能识字义乎!"

因同看汾阳作《犊牛偈》曰:"有头无角实堪嗟,百劫难逃这作家;凡圣不能明得尽,现前相貌有些些。"予谓世英曰:"此偈又予字义之训诂也。"

世英问予:"《华严经》曰:毗目仙人执善财童子手,即时善财自见其身往十佛刹微尘数诸佛所,见彼佛刹及其众会、诸佛相好、种种庄严,乃至或经百千亿不可说佛刹微尘数劫,乃至时,彼仙人放善财童子手,即时自见其身还在本处。此一段义,何以明之?"予曰:"皆象也。方执其手,即入观法之时,见自他不隔于毫端,始终不移于当念;及其放手,即是出定之时,永明于是知不动本位,远近之刹历然;一念靡移,延促之时宛尔。世尊盖以莲为譬,而世莫有知者。予特知之。夫莲方开花时,中已有子,子中已有蕊,因中有果,果中有因,三世一时也。其子分布,又会属也。相续不断,十方不隔也。"

又问:"《法华经》曰:世尊于一切众前现大神力,出广长舌相,上至梵世。极难和会。而解者曰:佛音深妙,触处皆闻,超越圣凡,则其舌广长,高出梵世。此说如何?"予曰:"此殆所谓随语生解,非如来世尊之意。沩山曰:凡圣情尽,体露真常,理事不二,即如如佛。而学者不能深味此语,苟认意度而已。譬如众盲摸象,随其所得为是,故象遍为尾,为蹄,为腰,为牙,而全象隐矣。《般若经》曰:无二无二分,无别无断故者,真常也。非凝然一物,卓然不变坏⑱之真常也。舌相之至梵世,其可以情求哉?"

唐僧玄奘至西竺,见戒贤论师。贤时已一百六岁,众所宗向,号正法藏。奘修敬讫,贤使坐,问:"从何来?"对曰:"从支那国来,欲学《瑜伽》⑲等论。"于是贤流涕呼弟子觉贤,指以谓曰:"我前所梦何如?"弟子谓奘曰:"和尚三年前得疾危甚,如人以刀画其腹,欲不食而死,夜梦男子身金色,曰:汝勿自厌其身,汝昔作贵近,多害物命,当自悔责,自尽何益?有支那国僧来此学法,已在途矣,三年当至。以法惠彼,彼复流通,汝罪自灭。我曼殊室利也,故来晓汝耳。和尚疾损已三年,而阇梨果至,前梦有征也。"⑳

予涉世多艰,盖其夙障。闻曼殊室利之言,以法惠人,则罪自灭,故有撰述佛祖旨诀之意,欲以惠人,而自灭夙障耳,非有他求也。

(取自清光绪六年常熟刻经处重刻本《禅林僧宝传》后附《临济宗旨》,参校《续藏经》本《临济宗旨》等)

【校注】

①"辩",明藏本《古尊宿语录》卷十《汾阳昭禅师语录》作"辨"字。

②"无嗔亦无喜",明藏本《古尊宿语录·汾阳昭禅师语录》作"无贪亦无嗔"。

③"家",明藏本《古尊宿语录·汾阳昭禅师语录》作"求"字。

④"此"字,据明藏本《古尊宿语录·汾阳昭禅师语录》加。

⑤"望空里妄解",明藏本《古尊宿语录·汾阳昭禅师语录》无"望空里"与"解"字。

⑥此上是作者引自善昭语录,与明藏本《古尊宿语录·汾阳昭禅师语录》相关段落除个别字句外,全同。

⑦原文混合使用我字义的"予"、"余",现一律作"予"字。

⑧"辨",原作"辩"字,据《续藏经》本《临济宗

旨》改。

⑨ "智"，《大正藏》卷四十七《汾阳无德禅师语录》作"知"字。

⑩ "辨"，原作"辩"字，据《大正藏》卷四十七《汾阳无德禅师语录》改。

⑪ 以上是引自善昭语录，请参考《大正藏》卷四十七《汾阳无德禅师语录》。

⑫ "从"，原作"曾"字，据《大正藏》卷四十七《筠州洞山悟本禅师语录》改。

⑬ 《洞山语录》在"我见"下有"两个"二字。

⑭ "主中主"，《景德传灯录》卷九《龙山和尚传》作"宾中主"。

⑮ "辩"，《续藏经》本《临济宗旨》作"辨"字，《景德传灯录》卷九《龙山和尚传》同。

⑯ 以上引自洞山良价语录，可参考《筠州洞山悟本禅师语录》相关段落。

⑰ 以上引自洞山良价语录。

⑱ "变坏"，原作"坏坏"二字，据《续藏经》本《临济宗旨》改。

⑲ "瑜伽"，原作"瑜珈"，据《续藏经》本《临济宗旨》改。

⑳ 以上当是作者略取《大慈恩寺三藏法师传》卷三有关内容。

人天眼目·临济宗（选录）

宋　智昭

师讳义玄，曹州南华人也。俗姓邢，幼而颖异，长以孝闻，及落发受具，居于讲肆，精究毗尼，博赜经论。俄叹曰："此济世医方也，非教外别传之旨。"即更衣游方，首参黄檗，次谒大愚。其机缘语句，载于行录。既受黄檗印可，寻抵河北镇州城东南隅，临滹沱河侧小院住持。其临济，因地得名。

唐咸通八年丁亥四月十日摄衣据坐，与三圣问答毕，寂然而逝。门人以师全身，建塔于大名府西北隅。敕谥慧照禅师，塔号澄灵。

四料拣

师至河北住院，见普化、克符二上座，乃谓曰："我欲于此建立黄檗宗旨，汝可成褫我。"二人珍重下去。三日后，普化却上来问云："和尚三日前说什么？"师便打。三日后克符上来问："和尚昨日打普化作什么？"师亦打。

至晚小参，云："我有时夺人不夺境，有时夺境不夺人，有时人境俱夺，有时人境俱不夺。"

僧问："如何是夺人不夺境？"师云："煦日发生铺地绵，婴儿垂发白如丝。"大慧云：此二句，一句存境，一句夺人。

僧问："如何是夺境不夺人？"师云："王令已行天下遍，将军塞外绝烟尘。"大慧云：上句夺境，下句存人。

僧问："如何是人境俱夺？"师云："并汾绝信，独处一方。"大慧云：便有人境俱夺面目。又云：吾初读诸家禅录，见并汾绝①信之语，深以为疑，虽诘诸老，皆含糊不辨。既读临济语，则知绝信二字，盖并汾二州名。僧问人境两俱夺，答云：独处一方。其旨晓然。方悟诸师之集，皆有乌②焉之误。

僧问："如何是人境俱不夺？"师云："王登宝殿，野老讴歌。"大慧云：此是人境俱不夺也。

克符颂

夺人不夺境，缘自带谝讹③。拟欲求玄旨，思量反责么。骊珠光灿烂，蟾桂影婆娑。觌面无回互，还应滞网罗。大慧云：此颂大概在"骊珠光灿烂、蟾桂影婆娑"之上。盖此二句是境也。学人问夺人不夺境。"拟欲求玄旨，思量反责么"，大意只是不可思量拟议；思量拟议，学人蹉却觌面相呈一著，则被语言罗网矣。

夺境不夺人，寻言何处真。问禅禅是妄，究理理非亲。日照寒光淡，山遥翠色新。直饶玄会得，也是眼中尘。大慧云：要会"日照寒光淡，山遥翠色新"么？此二句是境；"直饶玄会得，也是眼中尘"，便夺了也。

人境两俱夺，从来正令行。不论佛与祖，那说圣凡情。拟犯吹毛剑，还如值目盲。进前求解会，特地斩精灵。大慧云：正令既行，不留佛祖，到这里进之退之，性命总在师家手里，如吹毛剑，不可犯其锋也。

人境俱不夺，思量意不偏。主宾言不异，问答理俱全。踏破澄潭月，穿开碧落天。不能明妙用，沦溺在无缘。**大慧云**：若要分明理会，得临济意，但向当时垂示处看。

师示众云："如诸方学人来，山僧此间④作三种根器断，如中下根器来，我便夺其境，而不除其法；或中上根器来，我便境法俱夺；如上上根器来，我便境法人俱不夺；如有出格见解人来，山僧此间便全体作用，不历根器。大德到这里，学人著力处不通风，石火电光即蹉过了也。学人若眼目定动，即没交涉。"凡五家宗主垂示处称师。后皆仿此。

南院颙问风穴昭亦作沼云："汝道四料拣，料拣何法？"

穴云："凡语不滞凡情，既堕圣解，学者大病。先圣哀之，为施方便，如楔出楔。"

院问："如何是夺人不夺境？"首山等答皆附⑤

穴云："新出红炉金弹子，簁破阇梨铁面门。"首山云："人前把出，远送千峰。"法华举云："白菊乍开重日暖，百年公子不逢春。"慈明圆云："神会曾磨普寂碑。"道吾真云："庵中闲打坐，白云起峰顶。"圆悟勤云："老僧有眼不曾见。"达观颖云："家里已无回日信，路遥空有望乡牌。"石门聪云："山河大地。"

"如何是夺境不夺人？"

穴云："刍草乍分头脑裂，乱云初绽影犹存。"山云："打了不曾嗔，冤家难解免。"华云："大地绝消息，翛然独任真。"明云："须信壶中别有天。"吾云："闪烁红旗散，仙童指路亲。"圆悟云："阇梨问得自然亲。"观云："沧海尽教枯到底，青山直得碾为尘。"门云:"番人失氊帐。"

"如何是人境俱夺?"

穴云:"蹑足进前须急急,促鞭当鞅莫迟迟。"山云:"万人作一冢,时人尽带悲。"华云:"草荒人变色,凡圣两俱忘。"明云:"寰中天子敕,塞外将军令。"吾云:"刚骨尽随红影没,苔苗总逐白云消。"悟云:"收。"观云:"天地尚空秦日月,山河不见汉君臣。"门云:"有何佛祖。"

"如何是人境俱不夺?"

穴云:"帝忆江南三月里,鹧鸪啼处百花香。"山云:"问处分明答处亲。"华云:"清风伴明月,野老笑相亲。"明云:"明月清风任往来。"吾云:"久旱逢初雨,他乡认古知。"悟云:"放。"观云:"莺啭上林花满地,客游三月草侵天。"门云:"问答甚分明。"

翠岩颂名可真,兴化莆田人,嗣慈明

夺人不夺境,日月自流迁。山河及大地,片雨过蛮天。
夺境不夺人,问禅何处亲。相逢不祗揖,晓夜渡关津。
人境两俱夺,声鼓坠红楼。纵横施巨阙,谁敢立当头。
人境俱不夺,阎浮转几遭。面南看北斗,争得合伊曹。

佛鉴名惠勤**颂并总颂**⑥

瓮头酒熟人皆醉,林上烟浓花正红。夜半无灯香阁静,秋千垂在月明中。

莺逢春暖歌声滑,人遇时平笑脸开。几片落花随水去,一声

长笛出云来。

堂堂意气走雷霆,凛凛威风掬霜雪。将军令下斩荆蛮,神剑一挥千里血。

圣明天子坐明堂,四海生灵尽安枕。风流年少倒金樽,满院桃花红似锦。

千溪万壑归沧海,四塞八蛮朝帝都。凡圣从来无二路,莫将狂儿逐多途。

三句

师因僧问:"如何是真佛、真法、真道?乞垂开示。"师云:"佛者,心清净是;法者,心光明是;道者,处处无碍净光是。三即一,皆空而无实有⑦。如真正学道人⑧,念念心⑨不间断,自⑩达磨大师从西土来,只是觅个不受人⑪惑底人。后遇二祖,一言便了,始知从前虚用工夫。山僧今日见处,与祖佛⑫不别。若第一句中荐得,堪与祖佛为师;若第二句中荐得,堪与人天为师;若第三句中荐得,自救不了。"

僧问:"如何是第一句?"风穴以下答附

师云:"三要印开朱点窄⑬,未容拟议主宾分。"

风穴云:"随声便喝。"道吾真云:"直下冲云际,东山绝往来。"海印信云:"那吒忿怒。"云峰悦云:"垂手过膝。"

"如何是第二句?"

师云:"妙解岂容无著问,沤和争负截流机。"

穴云:"未开口前错。"吾云:"面前渠不见,背后称冤苦。"印云:"衲僧罔措。"峰云:"万里崖州。"

"如何是第三句?"
师云:"看取棚头弄傀儡,抽牵元是⑭里头人。"

穴云:"明破则不堪。"吾云:"头上一堆尘,脚下三尺土。"印云:"西天此土。"峰云:"粪箕扫帚。"

慈明示众云:"先宝应曰:第一句荐得,堪与祖佛为师;第二句荐得,堪与人天为师;第三句荐得,自救不了。山僧即不然:第一句荐得,和泥合水;第二句荐得,无绳自缚;第三句荐得,四棱著地。所以道,起也海晏河清,行人避路;住也乾坤黯黑,日月无光。汝等诸人,何处出气?如今还有出气者么?有即出来,对众出气看。若无,山僧今日与尔出气了也。"乃嘘一声,卓拄杖下座。

石门聪云:"第一句荐得,石里迸出;第二句荐得,挨拶将来;第三句荐得,自救不了。"

三玄三要

师云:"大凡演唱宗乘,一语须具三玄门,一玄门须具三要,有权有实,有照有用。汝等诸人作么生会?"

后来汾阳昭和尚因举前话,乃云:"那个是三玄三要底句?"

僧问:"如何是第一玄?"汾阳云:"亲嘱饮光前。"吾云:"释尊光射阿难肩。"

"如何是第二玄?"汾云:"绝相离言诠。"吾云:"孤轮众象攒。"

"如何是第三玄?"汾云:"明镜照无偏。"吾云:"泣向枯桑泪涟涟。"

"如何是第一要?"汾云:"言中无作造。"吾云:"最好精粗照。"

"如何是第二要?"汾云:"千圣入玄奥。"吾云:"闪烁乾坤光晃耀。"

"如何是第三要?"汾云:"四句百非外,尽踏寒山道。"吾云:"夹路青松老。"

汾阳颂并总

第一玄,照用一时全,七星光灿烂,万里绝尘烟。

第二玄,钩锥利似[15]尖,拟拟[16]穿腮过,裂面倚双肩。

第三玄,妙用具方圆,随机明事理,万法体中全。

第一要,根境俱忘绝朕兆,山崩海竭洒飘尘,荡尽寒灰始得妙。

第二要,钩锥察辨呈巧妙,纵去夺来掣电机,透匣七星光晃耀。

第三要,不用垂钩不[17]下钓,临机一曲楚歌声,闻者尽教来反照。一作"闻了悉皆忘反照"[18]。

三玄三要事难分,得意忘言道易亲,一句明明该万象,重阳九日菊花新。

慈明颂并总颂[19]

第一玄,三世诸佛拟何宣,垂慈梦里生轻薄,端坐还成落断边。

第二玄,灵利衲僧眼未明,石火电光犹是钝,扬眉瞬目涉关山。

第三玄,万象森罗宇宙宽,云散洞空山岳静,落花流水满长川。

第一要,岂话圣贤妙,拟议涉长途,抬头已颠倒[20]。

第二要,峰顶敲榾召,神通自在来,多闻门外叫。

第三要,起倒令人笑,掌内握乾坤,千差都一照。

报汝通玄士,棒喝要临时,若明端的旨,半夜太阳辉。

竹庵圭颂[21] 名士圭,成都史氏子,嗣佛眼

示众云:"临济道,一句中须具三玄门,一玄门须具三要。大众,事因叮咛起,展转见谲讹。听取一颂:句中难透是三玄,一句该通空劫前。临济命根元不断,一条红线手中牵。"

四喝

师问僧:"有时一喝如金刚王宝剑,有时一喝如踞地师子,有时一喝如探竿影草,有时一喝不作一喝用。汝作么生会?"僧拟议,师便喝。

寂音尊者颂

金刚王剑,巍露堂堂,才涉唇吻,即犯锋芒。

踞地师子,本无窠臼,顾伫停机,即成渗漏。

探竿影草,不入阴界,一点不来,贼身自败。

有时一喝不作喝用,佛法大有,只是牙痛。

首山示众云:"老僧寻常问汝道,这里一喝不作一喝用,有时一喝作问行,有时一喝作探竿影草,有时一喝作踞地师子,有时一喝作金刚王宝剑。若作问行来时,急著眼看始得。若作探竿影草,尔诸人合作么生?若作踞地师子,野干须屎尿出始得。若作金刚王宝剑用时,天王也须脑裂。只与么横喝竖喝,总唤作道理商量。"

汾阳颂[22]

金刚宝剑最威雄,一喝能摧万仞峰。遍界乾坤皆失色,须弥倒卓半空中。

金毛踞地众威全,一喝能令丧胆魂。岳顶峰高人不见,猿啼白日又黄昏。

词锋探草辨当人,一喝须知伪与真。大海渊澄涵万象,休将牛迹比功深。

一喝当阳势自彰,诸方真有好商量。盈衢溢路歌谣者,古往今来不变常。

智海普融平颂[23]

一喝金刚剑用时,寒光烁烁射坤维。语言拟议伤锋刃,遍界髑髅知不知。

一喝金毛轻踞地，檀林袭袭香风起。虽然瓜距不曾施，万里妖狐皆远避。

一喝将为探竿草，南北东西无不到。短长轻重定锱铢，平地茫茫须靠倒。

一喝不作一喝用，三世古今无别共。落花三月睡初醒，碧眼黄头皆作梦。

宾主句

师上堂，有僧出礼拜。师便喝。僧云："老和尚莫探头好。"师云："落在什么处？"僧便喝。师便打。又有僧问："如何是佛法大意？"师便喝。僧礼拜。师云："汝道好喝也无？"僧云："草贼大败。"师云："过在什么处？"僧云："再犯不容。"师便喝。是日，两堂首座相见，同时下喝。僧问师："还有宾主也无？"师云："宾主历然。"师云："大众要会临济宾主句，问取堂中二首座。"

慈明颂

啐啄之机箭挂锋，瞥然宾主当时分。宗师慭物垂缁素，北地黄河彻底浑。

竹庵颂[24]

作家相见终不错，两两同时齐啐啄。喝下虽然宾主分，争知普化摇铃铎。

四宾主

师一日示众云："参学之[25]人，大须仔细，如宾主相见，便有言说往来：或应物现形，或全体作用，或把机权喜怒，或现半身，或乘师子，或乘象王。

"如有真正学人，便喝，先拈出一个胶盆子。善知识不辨是境，便上他境上作模作样。学人便[26]喝，前人不肯放。此是膏肓之病，不堪医治。唤作宾看主。

"或是善知识不拈出物，随学人问处即夺，学人被夺，抵死不放。此是主看宾。

"或有学人，应一个清净境界出善知识前。善知识辨得是境，把得住抛向坑里。学人言：大好。善知识即云：咄哉，不识好恶。学人便礼拜。此唤作主看主。

"或有学人被枷带锁，出善知识前。善知识更与安一重枷锁。学人欢喜，彼此不辨。唤作宾看宾。

"大德，山僧所举，皆是辨魔拣异，知其邪正。"

宾主问答

僧问风穴："如何是宾中宾？"穴云："攒眉坐白云。"克符云："倚门旁户犹如醉，出言吐气不惭惶。"汾阳云："终日走红尘，不识自家珍。"又云："合掌庵前问世尊。"慈明云："礼拜更殷勤。"石门云："礼拜甚分明。"雪窦云："满目是埃尘。"又云："噫。"

"如何是宾中主？"穴云："入市双瞳瞽。"符云："口念弥陀双拄杖，目瞽瞳人不出头。"汾云："识得衣中宝，端坐解区分。"又云："对面无俦侣。"明云："拄杖长在手。"门云："觑地无回顾。"窦云："兆分其五。"又云："引。"

"如何是主中宾？"穴云："回莺两曜新。"符云："高提祖印当机用，利物应知语带悲。"汾云："金钩抛四海，玉烛续明灯。"又云："阵云横海上，拔剑搅龙门。"明云："横担栳栗拨乾坤。"门云："往复问前程。"窦云："月带重轮。"又云："收。"

"如何是主中主？"穴云："磨砻三尺剑，待斩不平人。"符云："横按莫邪全正令，太平寰宇斩痴顽。"僧云："既是太平寰宇，为什么斩痴顽？"符云："不许夜行刚把火，直须当道与人看。"汾云："高提日月光寰宇，大阐洪音唱楚歌。"又云："三头六臂擎天地，忿怒那吒扑帝钟。"明云："剑握甄人手。"门云："万里绝同侣。"窦云："大千捏聚。"又云："揭。"

浮山远颂[27]

宾中宾，双眉不展眼无筋，他方役役投知己，失却衣中无价珍。

宾中主，尽力追寻无处所，昔年犹自见些些，今日谁知目双瞽。

主中宾，我家广大实难论，所求不吝无高下，贵贱同途一路平。

主中主，七宝无亏金殿宇，千子常围绕圣颜，诸天不顺飞轮举。

翠岩真颂[28]

宾中宾，出语不相因，未谛审思惟，骑牛过孟津。

宾中主，相牵日卓午，展拓自无能，且历他门户。

主中宾，南越望西秦，寒山逢拾得，拟议乙卯寅。

主中主，当头坐须怖，万里涉流沙，谁云佛与祖。

雪窦颂并总颂[29]

宾中之宾，少喜多嗔，丈夫壮志，当付何人。

宾中之主，玄沙猛虎，半合半开，惟自相许。

主中之宾，温故知新，互换相照，师子嚬呻。

主中之主，正令齐举，长剑倚天，谁敢当御。

宾主分不分，瞒顸绝奇闻，解布劳生手，寄言来白云。

华严东京名孜宾主问答[30]

僧问："如何是宾中宾？"孜云："客路如天远。"

"如何是宾中主？"云："侯门深似海。"

"如何是主中主？"云："寰中天子敕。"

"如何是主中宾？"云："塞外将军令。"

孜云："宾中问主，互换之机；主中问宾，同生同死；主中辨主，饮气吞声；宾中觅宾，白云万里。故句中无意，意在句中。于斯明得，一双孤雁，扑地高飞；于斯不明，一对鸳鸯，池中独立。知音禅客，相与证明，影响之流，切须子细。"良久云："若是陶渊明，攒眉便归去。"

四照用

师一日示众云："我有时先照后用，有时先用后照，有时照用同时，有时照用不同时。先照后用有人在；先用后照有法在；照用同时，驱耕夫之牛，夺饥人之食，敲骨取髓，痛下针锥；照用不同时，有问有答，立主立宾，合水和泥，应机接物。若是过量人，向未举已前㉛，撩起便行，犹较些子。"

时有僧出问佛法大意，师云："汝试道看。"僧便喝。师亦喝。僧又喝，师便打。先照后用

问："如何是佛法大意？"师便喝，复云："汝道好喝么？"僧便喝。师亦喝。僧又喝。师便打。先用后照

僧入门，师便喝。僧亦喝。师便打云："好打，只有先锋，且无殿后。"照用同时

僧来参，师便喝。僧亦喝。师又喝。僧亦喝。师便打云："好打，为伊作主，不到头，无用处。主家须夺而用之。千人万人，到此出手不得。直须急著眼看始得。"照用不同时

古德云："主一喝验宾，宾一喝验主。主再喝验宾，宾再喝验主。四喝后，无宾主也。到这里，主家便夺却，更不容他。"慈明示众云："有时先照后用，有时先用后照，有时照用同时，有时照用不同时。所以道，有明有暗，有起有倒。"乃喝一喝云："且道，是照是用，还有缁素得出底么？若有，试出来呈丑拙看；若无，山僧失利。"

照用问答

问:"如何是先照后用?"首山云:"南岳岭头云,太行山下贼。"佛陀逊云:"红旗曜日催征骑,骏马嘶风卷阵云。"道吾真云:"语路分明说,投针不回避。"黄龙新云:"清风拂明月。"五祖演云:"王言如丝。"

"如何是先用后照?"首山云:"太行山下贼,南岳岭头云。"陀云:"斩得匈奴首,还归细柳营。"吾云:"金刚觌面亲分付,语道分明好好陈。"龙云:"明月拂清风。"祖云:"其出如纶。"

"如何是照用同时?"山云:"收下南岳岭头云,捉得太行山下贼。"陀云:"太公①招手,子夏扬眉。"吾云:"佛祖道中行异路,森罗影里不留身。"龙云:"清风明月。"祖云:"举起轩辕镜,蚩尤失却威。"

"如何是照用不同时?"山云:"昨日晴,今日雨。"陀云:"午后打斋钟。"吾云:"清净金色光先照,峨嵋银界一时铺。"龙云:"非清风,非明月。"祖云:"金将火试。"

汾阳云:"凡一句语,须具三玄门,每一玄门,须具三要路,有照有用。或先照后用,或先用后照,或照用同时,或照用不同时。先照后用,且共汝商量;先用后照,汝也是个人始得;照用同时,汝作么生当抵?照用不同时,汝作么生凑泊?"琅玡觉云:"先照后用,露师子之爪牙;先用后照,纵象王之威猛;照用同时,如龙得水,致雨腾云;照用不同时,提奖婴儿,抚怜赤子。此古人建立法门,为合如是,不合如是。若合如是,纪信乘九龙之辇;不合如是,项羽失千里之骓。还有为琅玡出气底么?如无，山僧自道去也。"卓拄杖下座。

慈明颂并总颂

照时把断乾坤路，验彼贤愚丧胆魂。饶君解佩苏秦印，也须归款候皇恩。

用便生擒到命殂，却令苏醒尽残躯。归款已彰天下报，放汝残年解也无。

照用同时棒下玄，不容拟议验愚贤。轮剑直冲龙虎阵，马丧人亡血满田。

照用不同时，时人会者稀。秋空黄叶坠，春尽落花飞。

一喝分宾主，照用一时行，会得个中意，日午打三更。

临济门庭

临济宗者，大机大用，脱罗笼，出窠臼，虎骤龙奔，星驰电激，转天关，斡地轴，负冲天意气，用格外提持，卷舒擒纵，杀活自在。是故示三玄、三要、四宾主、四料拣、金刚王宝剑、踞地师子、探竿影草；一喝不作一喝用，一喝分宾主，照用一时行。

四料拣者，中下根人来，夺境不夺法；中上根人来，夺境夺法不夺人；一作"夺法不夺境"，非。上上根人来，人境两俱夺㊳；出格人来，人境俱不夺。

四宾主者，师家有鼻孔，名主中主；学人有鼻孔，名宾中主；师家无鼻孔，名主中宾；学人无鼻孔，名宾中宾。与曹洞宾主不同。

三玄者，玄中玄，体中玄，句中玄。三要者，一玄中具三要，自是一喝中体摄三玄三要也。

金刚王宝剑者，一刀挥尽一切情解。踞地师子者，发言吐气，威势振立，百兽恐悚，众魔脑裂。探竿者，探尔有师承无师承，有鼻孔无鼻孔。影草者，欺瞒做贼，看尔见也不见。一喝分宾主者，一喝中自有宾有主也。照用一时行者，一喝中自有照有用。一喝不作一喝用者，一喝中具如是三玄、三要、四宾主、四料拣之类。

大约临济宗风，不过如此。要识临济么？青天轰霹雳，陆地起波涛。山堂淳辨三玄门。临济曰：一句语，须具三玄门，一玄门须具三要，大机大用。其容以句义名数劈析之耶！诸方问答玄要，亦只言如何是第一、第二、第三。汾阳偈曰：三玄三要事难分，得意忘言道易亲，一句明明该万象，重阳九日菊花新。至古塔主始裂为体中玄、句中玄、玄中玄，而三要，则说之不行，付诸瞒顸而已。此篇说临济门头户底，则且从；至三玄三要，则又堕古㉛塔主之覆辙矣。不可不辨。

要诀 山堂淳

大雄正续，临济纲宗。因问黄檗西来，痛与乌藤三顿，遂往大愚打发，亲挥肋下三拳，言下便见老婆心，悬知佛法无多子。奋奔雷喝，捋猛虎须，迸开于赤肉团边，到处用白拈手段。飞星爆竹，裂石崩崖，冰棱上行，剑刃上走。全机电卷，大用天旋，赤手杀人，单刀直入。人境俱夺，照用并行。明头来，暗头来，佛也杀，祖也杀。辨古今于三玄三要，验龙蛇于一主一宾。透脱罗笼，不存玄解，操金刚王剑，扫除竹木精灵。奋师子全威，振群狐心胆。下梢正法眼藏,灭却这瞎驴边。彻骨彻髓,而血脉贯通;透顶透底,而乾坤独露。绵绵不漏,器器相传。盖其宗祖高明,子孙光大,此临济宗也。

古德纲宗颂此有讹舛

横按莫邪煊赫光,八方全敌谩茫茫。龙蛇并隐肌鳞脱,雷雨同㉟施计略荒。佛祖点为涓滴响,江山结抹并芬芳。回途索寞㊱郊坰远,失舶波斯落楚乡。

(选自《大正藏》本《人天眼目》卷一、卷二,参校《大正藏》底注引用的大谷大学藏五山版——甲本和《续藏经》本)

【校注】

① "绝",原本误作"纪"字。
② "乌",原本作"鸟"字,据《续藏经》本改。
③ "诸讹",《续藏经》本作"诸讹"。
④ "间",原本误作"问",据《续藏经》本及《临济录》改。
⑤ 《大正藏》底注引甲本有曰:"首山、石门、慈明、法华、达观、道吾、圆悟之顺序也。已下仿之。"
⑥ "颂并总颂"四字,据甲本加。
⑦ "皆空而无实有",《临济录》作"皆是空名而无实有"。
⑧ 据《临济录》,"道人"前加"学"字。

⑨"心"字,据甲本加。

⑩"自"字,据甲本加。

⑪"人"字,据甲本加。

⑫"祖佛",原作"佛祖",据甲本改,下同。

⑬"窄",《临济录》作"侧"字。

⑭"元是",甲本作"全借"。《大正藏》本《临济录》此句作:"抽牵都来里有人";明本作"抽牵都借里头人"。

⑮"似",原作"便"字,据《续藏经》本《汾阳善昭禅师语录》改。

⑯"拟",原作"议"字,据《续藏经》本《汾阳善昭禅师语录》改。

⑰"不",原作"并"字,据《续藏经》本《汾阳善昭禅师语录》改。

⑱《续藏经》本《汾阳善昭禅师语录》此句作"闻了尽皆悉返照"。

⑲"颂并总颂"四字,据甲本加。

⑳"抬头已颠倒",《古尊宿语录》本《慈明禅师语录》作"抬眸七颠倒"。

㉑"主颂"二字,据甲本加。

㉒"颂"字,据甲本加。

㉓"平颂"二字,据甲本加。

㉔"颂"字,据甲本加。

㉕"之"字,据甲本加。

㉖"便"字，原本作"又"字，据甲本改。

㉗"远"字，据甲本加。

㉘"真颂"二字，据甲本加。

㉙"颂并总颂"四字，据甲本加。

㉚"宾主问答"四字，据甲本加。

㉛"已前"，原作"时"字，据甲本改。

㉜"太公"，原本作"太行"二字，据甲本改。

㉝此与《临济录》原义不合。请参见前面《临济录》原文。

㉞"古"字，据甲本加。

㉟"同"，原作"全"字。《大正藏》本底注谓原本是"同"字，据改。

㊱"冀"，原作"莫"字，据甲本改。

附编二

临济义玄和《临济录》

佛教传入中国后经过六七百年的传播、普及,与中国传统文化思想、民间宗教和生活习俗逐渐融会结合,到隋唐时期形成许多带有鲜明民族特色的佛教宗派,标志着佛教中国化历程的基本结束,此后进入中国佛教的持续发展时期。在隋唐时期所形成的佛教宗派中,天台宗、华严宗和禅宗最富有中国民族特色,不仅对中国宗教信仰产生较大影响,对中国的传统哲学思想也产生了极为深远的影响。

禅宗奉北魏时期来华的菩提达摩为初祖,奉其弟子慧可为二祖,奉隋唐时期的僧璨、道信、弘忍为三祖、四祖和五祖。然而实际上禅宗的正式形成应是在所谓四祖道信和五祖弘忍的时候。在弘忍之后发生分裂,以神秀及其弟子普寂为代表形成北宗,主要流行于以东西两京为中心的北方广大地区;以慧能及其弟子为代表形成南宗,开始主要在南方传播,后来逐渐扩展到北方,在8世纪末到9世纪中叶,迅速发展成为主流禅派,而北宗逐渐衰微,直至湮没无闻。唐末至五代时期,从南宗中产生五个最有影响的流派——从慧能弟子南岳怀让的法系形成临济宗、沩仰宗,从慧能另一弟子青原行思的法系产生曹洞宗、云门宗、法眼宗，此即所谓禅宗五家。从此，禅宗进入五宗兴起和并盛的新时期。

在五宗当中，以临济宗出现最早，是禅门五宗中唯一创立于北方的宗派，从后来的发展看，它流传的时间最长，影响也最大。临济宗的创始人临济义玄，上承南岳怀让——马祖道一至黄檗希运的禅法，以其机锋凌厉、棒喝峻烈的禅风闻名于世。现存《临济录》记载了他的生平事迹和禅法。

一、河朔三镇和临济宗发源地镇州

在唐末五代先后形成的禅宗五个宗派中，临济宗发源地在现在的河北省正定县；沩仰宗的发源地和传法中心在现在湖南省宁乡县、江西省宜春市；曹洞宗在江西省宜黄县、宜丰县；云门宗在广东省乳源县；法眼宗在江苏省南京市。其中只有临济宗发源于江北，其他皆发源于江南。河北省正定在唐代是著名的"河朔三镇"中成德镇的治所。

唐朝在安史之乱（755~763）以后，中央集权更加衰弱，被迫承认安史部将保存地方实力，任命张忠志（后赐名李宝臣）为成德镇节度使，又命薛嵩为相卫节度使、李怀仙为幽州节度使、田承嗣为魏博镇节度使。魏博镇后来兼并了相卫，与成德、幽州二镇并称为河朔三镇，或河北三镇，占据今河北、河南、山东一带广阔地域。三镇拥有重兵，自署文武官员，户籍不报中央，赋税也不缴朝廷。由于三镇的统治者内部的争夺和藩镇之间的兼并，到唐末时，三镇的节度使已经几度改换门庭，但三镇的拥兵割据的情况没有改变。河朔三镇和其他拥兵割据的藩镇不仅经常抗拒中央朝廷的政令,而且不断挑起反抗唐王朝的战争。

　　成德镇,又名恒冀、镇冀、成德军,唐末称武顺道,治所在恒州(后改镇州)真定(今河北正定)。真定城位于滹沱河的北岸,在有的禅宗史书中被称为"河阳府"或"河府"。成德镇的辖境屡有变动,但长期辖有恒州、冀州、深州和赵州,相当于现在的河北沙河、滹沱河下游以南,献县、柏乡、南宫、枣强以北的地区。在李宝臣之后,经历王武俊及其子孙王廷凑取得这一地区的统治权,并且拥有朝廷授予的"检校右散骑常侍、镇州大都督长史、成德军节度使、镇冀深赵等州观察使"等头衔。到五代为止,据有此地的是王廷凑的子孙。他们的名字和在位的时间是:王元逵,834~854年;王绍鼎,854~857年;王绍懿,857~866年;王景崇,866~883年;王镕,883~921年,正式称赵王。①临济义玄到镇州传法的时间大约是在唐武宗会昌五年(845)禁断佛教前后,直到他去世(766)为止,统治镇州的节度使先后是王元逵和王绍鼎、王绍懿兄弟,而以王绍懿统治时间最长,前后有十年,正是义玄闻名遐迩的时候。《通鉴》卷二五〇对他评论说:"为政宽简,军民便之。"《临济录》中一再提到的"王常侍"当就是他。因为他除正授镇州节度使外,尚拥有所谓"检校右散骑常侍"等头衔(《旧唐书》卷一四三《王绍懿传》)。

　　临济义玄晚年曾应请住在魏博镇的治所所在地魏州贵乡(今河北大名东北)传法,并在此地去世。贵乡在史书中也被称为魏府,在五代后唐时一度改名广普,后汉时改称大名,故在后来有的史书中也把唐朝时的贵乡称为大名。义玄在河北一带地方传法时,魏博镇的节度使是何敬弘(原名何重顺,840~866年在位),

因为他从朝廷受有"兼中书令"的头衔（《新唐书》卷二一〇《藩镇魏博·何重顺传》），所以在公乘亿为义玄弟子存奖写的《塔碑》中称之为"中令何公"。

唐朝佛教的巨大发展，寺院、僧尼以及所占土地数量的激增，必然招致与唐中央政府在经济利益方面发生冲突。唐武宗即位后，信崇道教，亲近"排毁佛教，言非中国之教，蠹耗生灵，尽宜去之"的道士赵归真（《旧唐书·武宗纪》），便以"惩千古之蠹源，成百王之典法，济人利众"为标榜，着手限制和削弱佛教，先废毁广建于山野乡村的众多小寺、兰若，命十万多僧尼还俗，然后在会昌五年（845）下诏大规模地禁断佛教，此即佛教史书所说的"法难"和"灭佛"，共毁寺四千六百余所、招提兰若四万余处，命僧尼二十六万多人还俗，没收良田数千万顷，收奴婢为两税户十五万人。（《旧唐书·武宗纪》、《通鉴》卷二四八）

武宗下令禁断佛教，虽在全国很大地区对佛教势力给以极大的打击，但由于中央集权的软弱无力和地方军政官员、藩镇的拖延和对抗，在许多地区没有完全贯彻禁断佛教的诏令。不仅南方两浙、宣、鄂、潭、洪、福、三川等地对毁废佛教的诏令不认真执行，采取"姑务宽容"的做法（唐武宗《加尊号后郊天赦文》，载《全唐文》卷七八），而且北方的河朔三镇等地的节度使则干脆公开对抗。日本天台宗的求法僧圆仁（794～864）当时尚滞留中国，将他所看到的毁废佛教的情景在其《入唐求法巡礼行记》中做了生动的记载。此书卷四载有他在会昌五年十一月三日写的日记，其中说：

三四年已来,天下州县准敕条流僧尼还俗已尽;又天下毁拆佛堂、兰若、寺舍已尽;又天下焚烧经像、僧服罄尽;又天下剥佛身上金已毕;天下打碎铜铁佛,称金两收验讫;天下州县收纳寺家钱物、庄园,收家人、奴婢已讫。唯黄河以北,镇、幽、魏、潞等四节度,元来敬重佛法,不毁拆寺舍,不条流僧尼。佛法之事,一切不动之。频有敕使勘罚。云:天子自来毁拆焚烧,即可然矣。臣等不能作此事也。

此时镇州、幽州、魏博的节度使分别是王元逵、张仲武、何弘敬。他们都信奉佛教,保护佛教,反对武宗的禁断佛教的诏令。因此这些地方的佛教没有受到严重损失,能够继续发展。可以说这是义玄与其弟子能够在这里顺利开展传法活动并较早地创立临济宗的一个重要因素。

从唐代佛教发展的总体来看,武宗毁废佛教仅是一个短暂的插曲。武宗在下令大规模地毁废佛教的翌年三月去世,继位的宣宗笃信佛教,下令恢复佛教,使佛教又迅速发展起来。然而此后,在佛教诸宗派中发展最快,并且逐渐跃居为中国佛教主流派的是便于社会各个阶层接受的简单易行的禅宗。

二、洪州宗的传承者,临济宗的创始人

(一) 有关临济义玄传记和禅法的资料

记载临济义玄的史料并不是很多,为便于下面的论述现先做简单介绍。

《临济录》，一卷。有几种不同版本，本书所收是源自北宋宗演再刻本的《临济录》，分为《语录》、《勘辨》和《行录》（最后附有义玄小传）三个部分。关于义玄的生平传记，可以参考其中的《行录》部分。日本《大正藏》（《大正新修大藏经》）卷四十七所载《临济录》是以日本永享九年（1437）的刻本为底本校订的。本书校点本即以此本为底本。此外可参考明藏本所收宋赜藏主所编《古尊宿语录》卷四、卷五的《临济录》。

《魏州故禅大德奖公塔碑》，唐公乘亿撰，载《文苑英华》卷八六八，并载《全唐文》卷八一三。记述义玄弟子存奖的生平事迹，其中提到的纪年和对义玄晚年到魏州传法的记载，对研究义玄经历很有参考价值。

《祖堂集》二十卷，五代南唐保大十年（952）由静、筠二禅僧编，记载禅宗所传过去七佛、印度历代祖师、从达摩至慧能，至青原下八世、南岳下七世的256人略历和语录。国内久佚，21世纪从朝鲜发现。现有日本中文出版社1974年刊本、湖南岳麓书社1996年出版的吴福祥、顾之川的点校本。其中卷十九有《临济和尚传》。

《宋高僧传》，宋赞宁撰，三十卷。此书编于宋初，当时禅宗已风靡全国。书中卷八至卷十三为《习禅篇》，载有从弘忍至南岳下六世、青原下九世的禅僧203人的传记。卷十二有简短的《唐真定府临济院义玄传》。

《景德传灯录》，宋道原撰，三十卷。成书于北宋景德元年（1004），记载过去七佛、印度祖师、中土达摩至六祖、南岳下八世和青原下十一世的略历和语录。据杨亿的序，书中收录"五十二世一千七百一人"的语录，实则有很多人是有目而无录。卷十二载有《镇州临济义玄禅师传》以及义玄的嗣法弟子多人的传记，卷二十八有《镇州临济义玄和尚语》，是义玄语录的摘要。

《传灯玉英集》，宋王随撰，十五卷。是《景德传灯录》的摘录本，久佚。1933年于山西赵城广胜寺发现金版大藏经。两年后由上海影印宋版藏经会和北京三时学会影印其中罕见的佛典49部，包括《传灯玉英集》一部。内有很多卷已经残缺不全。此书对研究宋本《景德传灯录》很有价值。卷六有《镇州临济义玄禅师》及其弟子的传。在《景德传灯录》中，魏府大觉禅师、襄州历村和尚皆被作为义玄的法嗣，但在此书中，前者是黄檗希运的法嗣，后者是沩山法系邓州智闲的法嗣。

《传法正宗记》，宋契嵩撰，九卷。卷七、卷八记"正宗分家列传"，记大鉴慧能以下至十二世共1304人。卷七有《临济义玄禅师略传》，将义玄列为大鉴下第六世，谓其有嗣法弟子24人。

《五灯会元》，南宋普济撰，二十卷。节略综合以往禅宗史书：道原《景德传灯录》、李遵勖《天圣广灯录》、惟白《建中靖国续灯录》、悟明《联灯会要》、正受《嘉泰普灯录》的内容而成，载有从传说的过去七佛到唐宋禅宗各派禅师的"机缘"和语录。参阅比较方便。卷九以下按沩仰宗、法眼宗、临济宗、曹洞宗、云门宗次序编排各派禅师传记。卷十一至十二及卷十七之后是临济义玄及其后嗣弟子与他们法系的禅师的传记。

《临济宗旨》，宋慧洪撰，一卷。临济宗自汾阳善昭之后，对义玄语录中提到的"三玄""三要"以及"四宾主"等特别重视，做出种种解释发挥。此书首先列出善昭等人的语录，然后加以评述解释，对了解和研究后世临济宗对义玄语录的理解很有参考价值。

《人天眼目》，南宋智昭撰，六卷。编录禅宗五派的创始人及其后世著名禅师的语录、偈颂，介绍禅门五家各自的禅法思想和传法的独特风格。前四卷是按照临济宗、云门宗、曹洞宗、沩仰宗、法眼宗的次序，介绍各宗的创始人及其有代表性的禅法语录，并编录后世禅师相关的解释语录和偈颂，又各以"门庭"概述各宗的传法特色。后二卷是"宗门杂录"，编录禅宗内部流传的禅法传承说、佛法常识和语录、偈颂等。卷一与卷二前半部是对临济宗的介绍。

（二）从马祖到黄檗希运

临济义玄创立的临济宗上承南宗慧能——南岳怀让——马祖道一——黄檗希运的禅法，在此基础上有所发展，形成自己的具有强烈个性的临济禅法和临济禅风。因此在介绍义玄的事迹和禅法之前，有必要先对马祖的洪州宗和义玄之师黄檗希运的情况做一个简要的介绍。

马祖（709~788），名道一，因俗姓马，一般被人称为马祖。在8世纪20年代从南岳怀让嗣法，到建阳（在今福建省）聚徒传法，后来辗转到江西西道（在今江西以及湖南、安徽部分地区）的几个地方传法，被洪州刺史、江西观察使路嗣恭迎请到洪州治所所在地钟陵（今南昌）的开元寺。马祖在此传法十多年，名声远闻，门下弟子日多，《宋高僧传》卷十一说："于时天下佛法，极盛无过洪府，座下贤圣比肩，得道者其数颇众。"[②]

马祖的禅法虽继承慧能以来的"识心见性,自成佛道"的宗旨,但已经形成自己的鲜明特色。一、一再宣说人人都有与佛一样的本性,佛不离普通的众生,强调"即心是佛"。他虽也说心是佛性,但在解释中更着眼于现实世界,把它说成是普通人的意识,或当时人所理解的精神主体——灵魂。然而他又回避对心做出是"真如心,妄想心,非真非妄心"的明确断定。针对有人对"即心是佛"发生执著,他又提出"非心非佛"乃至"不是心,不是佛,不是物"的说法。二、在对待修行的问题上,提出"道不用修,但莫污染"和"平常心是道"的思想。大意是,对于最高的佛法、真理,也就是真如、佛性以及自己的心性、本心(在禅宗南宗的场合,它们在含义上是相通的),是用不着有意地去修行,去对治,只要使它保持自然,不被污染就行了。"污染"就是"造作",是指有既定目的地追求和舍弃的意向与行为;不污染就是断除一切造作、取舍、好恶、是非、凡圣等观念,取消所谓"妄想",做到"无念"。这种心境就是"平常心"。达到这种心境,也就达到佛、菩萨的解脱境地。马祖曾说:"若了此心,乃可随时著衣吃饭,任运过时,更有何事!"(《景德传灯录》卷六《马祖传》)③

马祖的禅系称洪州宗。马祖的嗣法弟子很多,《祖堂集》卷十四《马祖传》说他有"亲承弟子"88人;《景德传灯录》卷六《马祖传》说他有嗣法弟子139人。马祖的弟子中,对后世影响较大的有百丈怀海、西堂智藏、南泉普愿等。

怀海(750~813)与智藏是马祖的两位最得力的"入室"弟子。怀海在马祖去世后在洪州新吴(今江西奉新县)大雄山传法。此山高峻，后称百丈山。由此怀海被称为百丈和尚。怀海向参学者传法，仍追随马祖的禅法宗旨，着重以下两点：一、要求取消一切世俗思念和追求，以达到"心解脱"，说："佛是无求人，求之即乖；理是无求理，求之即失。"即使追求"无求"也是一种执著。（《景德传灯录》卷六《怀海传》）二、要求弟子不要执著任何语句、事物，用"中道""不二"的观点看待世上事物和修行方面的问题，做到"割断两头句"（不执著两边），"透过三句（按，有、空、非有非空之类）外"，才可自由，如此"一切举动施为，语默啼笑，尽是佛意"（《古尊宿语录》卷一《百丈广录》）。

以往禅僧大都住在律寺，或是与其他僧人别院而居。随着禅宗的迅速兴起，禅僧为方便开展自己的修行和传法活动，要求建立自己的寺院。怀海适应这种情况，制定了《禅门规式》，对设立禅宗独立寺院和禅僧修行、生活仪规提出具体方案，并且付诸实行。这一《禅门规式》被禅宗寺院普遍采用，后世称之为《古清规》，宋代《禅苑清规》和元代《钦定百丈清规》等都吸取了它的基本内容。

怀海的嗣法弟子中最著名的有灵祐、希运。灵祐与其弟子慧寂创立沩仰宗，希运的弟子义玄创立临济宗。

希运（？~855），福州人，幼年在本州黄檗山（在今福清市）出家，后到洪州参访怀海，从他受洪州禅法。希运后来到洪州高安县的黄檗山（本名灵鹫峰，在今江西宜丰县）的寺院聚徒传法，因称黄檗和尚或黄檗禅师。希运去世后，朝廷赐谥断际禅师。

黄檗与唐朝高官裴休（约791~864）有过密切的交往。裴休在文宗太和（827~836）年间官至监察御史、右补阙、史馆撰修等，在武宗会昌元年（841）出任洪州刺史、江西观察使；会昌三年改任潭州刺史、湖南观察使，曾向沩山灵祐咨问禅法；宣宗大中二年（848）迁宣州刺史、宣歙观察使。④从大中四年（850）回京后，官至礼部尚书、户部侍郎、盐铁转运使等职，直至拜相（同中书门下平章事）。裴休与黄檗希运保持往来是在他任洪州刺史和宣州刺史的时候。会昌二年裴休迎请希运到洪州治所所在地钟陵（今南昌）的龙兴寺"旦夕问道"。武宗在会昌五年（845）禁断佛教时，希运与弟子隐栖山林（《景德传灯录》卷十二《楚南传》）。宣宗即位恢复佛教，他又出来传法。大中二年裴休任宣州刺史时，迎请他到宣城（在今安徽，汉称宛陵）开元寺传授禅法。裴休对希运传法给予很大的支持。希运死后，裴休将他从希运那里听受的禅法加以整理，编录为《黄檗山断际禅师传心法要》和《黄檗断际禅师宛陵录》。

据此《传心法要》和《宛陵录》，可见希运虽继承马祖以来的禅法，但也具有新的特色。一是把"心"一元化推到了极点，说"唯有一心，更无别法"，宣称佛、众生是心，万法（相当于万有）是心，一切生命体所存在的环境也是心，甚至引用华严宗经常讲的"一即一切，一切即一"，引用"三界唯心，万法唯识"（《古尊宿语录》本《宛陵录》）来说明宇宙一切无非是心的显现，是心之所造。这样，实际将心看作是世界一切现象和事物的普遍性的基质和本体。虽然对心的规定性不明确，有多歧的解释，但把心主要解释为包含人的清净本性和世界万有本体的两种意思。因为禅宗一切理论的落脚点毕竟是解脱问题,所以希运在说法中常称此心是"灵觉性""本源清净心""精明"等,更强调此心是人达到觉悟的内在依据——"自性""本性"。从其最后发展结果来说,人人是佛;从本质来说,佛也就是众生。他对裴休说,达摩祖师西来,"直指一切人全体是佛"(《古尊宿语录》卷二《黄檗禅师》),目的是让人产生自信,自修自悟。

希运禅法的第二个特色是更加强调"空"的思想方面,在解脱论上把"见性"与"无心"等同。他虽然反复强调心在解脱中的决定意义,但反对人们对心做实体性的理解。他一再将心与空、无联结在一起,把所谓"无心""忘心""无为""无求"看作是心的本质、心的本来面貌。宣称达到"无心""无求"等的境地,也就是达到解脱。在这里,所谓"无心""无求"等,与马祖所说的"道不用修""平常心"等是一致的。

从以上概要介绍可以看出,从马祖到黄檗希运的洪州禅法在两个方面基本是一脉相承的:一、强调人人具有佛性,说"即心是佛",有意摆脱把佛性、清净本性说得与现实世界、普通民众过于遥远,过于脱离的倾向,更着重讲佛性(心)存在于现实世界的一切地方,一切现象之中,所谓"立处即真",人人是佛;二、主张通过取得对世俗世界空寂的认识,"离一切相",在心识中断除一切是非、善恶、有无等差别观念,取消一切取舍意向,做到用"平常心"来对待外界和修行中的问题,以达到与清净无为的真如佛性相契合的精神境界。虽然照此严格去做也并非容易,但这种说法为人们选择在家还是出家,理解和决定如何修行的问题上提供了极大的伸缩性和灵活性的空间。担水搬柴是修行,生活日用是佛道,都可以算作是一种理解和选择。

临济义玄对这两点都继承下来,不仅在阐释中有所发展,而且在传授禅法、接引学人方面提出了自己一套做法,建立了具有鲜明色彩的临济禅法和临济门风。

(三) 黄檗门下三度遭打,大愚山舍一言得悟

义玄(？~866),曹州南华县(在今山东定陶之南)人,也称曹南(意为曹州南部)人,俗姓邢。《临济录·行录》后面所附临济略传(明本《临济录》称《临济慧照禅师塔记》)载:

> 幼而颖异,长以孝闻。及落发受具,居于讲肆,讲究毗尼,博赜经论。俄而叹曰:"此济世之医方也,非教外别传之旨。"即更衣游方。

《临济录》记载,义玄向众僧谈到自己的经历时说:

> 只如山僧,往日曾向毗尼中留心,亦曾于经论寻讨,后方知是济世药、表显之说。遂乃一时抛却,即访道参禅。后遇大善知识,方乃道眼分明,始识得天下老和尚知其邪正,不是娘生下便会,还是体究练磨,一朝自省。

可见义玄在出家之前是以孝道闻名的,出家受具足戒之后,并没有立即信奉禅宗,而是学习和研究佛教戒律(毗尼)和经论,后来认为这些戒律与经论如同世上只能治表的医药那样,不

能从根本上断除世人的烦恼，便改而游方参禅，在得到"大善知识"的指点以后，才领悟关于人生解脱的道理，并认识到对于任何人来说佛法也不是生下就会的，必须经过一番"体究练磨"功夫才能把握。

"善知识"意为"善友"或"师友"。义玄所说的"大善知识"不是别人，就是黄檗希运。他当时在洪州高安县的黄檗山的寺院聚徒传授南宗禅法。当时义玄的年龄不大，被人看作是"后生"，在黄檗寺一住就是三年，但始终没有引起希运的注意。在《临济录·行录》中有这样一段有趣的记述：

> 师初在黄檗会下，行业纯一。首座乃叹曰："虽是后生，与众有异。"遂问："上座在此多少时？"
> 师云："三年。"
> 首座云："曾参问也无？"
> 师云："不曾参问。不知问个什么。"
> 首座云："汝何不去问堂头和尚：如何是佛法的的大意。"
> 师便去问。声未绝，黄檗便打。师下来。首座云："问话作么生？"
> 师云："某甲问声未绝，和尚便打。某甲不会。"
> 首座云："但更去问。"
> 师又去问。黄檗又打。如是三度发问，三度被打。师来白首座云："幸蒙慈悲，令某甲问讯和尚，三度发问，三度被打。自恨障缘，不领深旨，今且辞去。"

首座云:"汝若去时,须辞和尚去。"

师礼拜退。首座先到和尚处云:"问话底后生甚是如法,若来辞时,方便接他,向后穿凿,成一株大树,与天下人作阴凉去在。"

师去辞黄檗。檗云:"不得往别处去,汝向高安滩头大愚处去,必为汝说。"

在三年的时间里,义玄竟没有向希运当面参问过,甚至连应当问些什么也心中无底。寺院的首座对义玄似乎早已留意,便建议他去参问希运禅师。义玄便按照首座的提示去参问希运,所提的问题是个极为简单的"如何是佛法的的(按,意为确实的)大意"。结果,希运不仅没有回答,反而把他打了。为什么打他?向他启示怎样的道理?他一点也没有领会。首座也可能是试探他的求知态度和耐性,便又让他去问。结果他又遭打。如此连续三次遭打。义玄至此还不明白三度发问而三度遭打的奥妙所在,便沉不住气了,决定离开黄檗山,便去向首座告辞。首座并没有立即提出婉留,而是提醒他应去向希运辞别,然后自己找到希运,希望他对义玄给予接引和启发。于是,当义玄前来告辞时,希运指示义玄到"高安滩头"参谒大愚禅师。

那么,"高安滩头"在哪里?大愚是谁呢?

高安在唐代是隶属于洪州的县之一,地域相当于现在江西省的高安县与宜丰县。⑤日本铃木哲雄《唐五代的禅宗》据中国史地书考证,大愚是山名,在瑞州(按,南宋宝庆初改筠州为瑞州,治所在今高安县)东门外,山麓有寺名真如寺,此寺又名大愚寺；山寺面临湍急而流的锦江，故称所在地为大愚滩头。大愚禅师是以山、寺名为自己的名字。⑥大愚是马祖的弟子之一庐山归宗寺智常禅师的弟子。智常一日锄草时，有位禅僧来参，正当此时忽见一条蛇，便拿锄头将蛇拦腰斩断，这位禅僧便讥讽说："久向归宗，原来是个粗行沙门。"（《景德传灯录》卷七《归宗智常传》）这是禅宗史上著名的归宗斩蛇的公案。《景德传灯录》卷十记载他有嗣法弟子六人，其中虽有"洪州高安大愚"之名，但以"无机缘语录"未予载录传记。关于大愚，希运在一次上堂说法中曾提到过，说：

> 余昔时同参大寂道友，名曰大愚。此人诸方行脚，法眼明彻。今在高安。愿不好群居，独栖山舍。与余相别时，叮咛云："他后或逢灵利者，指一人来相访。"（《祖堂集·临济和尚传》）

"大寂"是马祖的谥号。据希运的介绍，大愚虽最后嗣法智常，但也曾与希运同参马祖，对解脱之道有明彻见解，然而为人不好群居，一个人居住在高安县的一个山舍中，当年与希运分手时曾托他以后推荐聪明的禅僧前去参访。希运此时见义玄前来告辞，便指示他到高安参谒大愚。

关于义玄参谒大愚的情况，在《临济录·行录》与《祖堂集·临济和尚传》中记述详略情节不尽相同，但基本意思还是一致的。前者的记载是：

师到大愚。大愚问:"什么处来?"

师云:"黄檗处来。"

大愚云:"黄檗有何言句?"

师云:"某甲三度问佛法的的大意,三度被打。不知某甲有过无过?"

大愚云:"黄檗与么老婆心切,为汝得彻困。更来这里问有过无过。"

师于言下大悟云:"元来黄檗佛法无多子。"

大愚挡住云:"这尿床鬼子,适来道有过无过,如今却道黄檗佛法无多子。你见个什么道理,速道,速道!"

师于大愚胁下筑三拳。大愚托开云:"汝师黄檗,非干我事。"

师辞大愚,却回黄檗。黄檗见来便问:"这汉来来去去,有什么了期!"

师云:"只为老婆心切。"

便人事了,侍立。黄檗问:"什么处去来?"

师云:"昨奉慈旨,令参大愚去来。"

黄檗云:"大愚有何言句?"

师遂举前话。黄檗云:"作么生得这汉,待来痛与一顿。"

师云:"说什么待来,即今便吃。"

随后便掌。黄檗云:"这风颠汉,却来这里捋虎须!"

师便喝。黄檗云:"侍者,引这风颠汉参堂去。"

《景德传灯录》卷十二《义玄传》的记载与此基本一样。但《祖堂集·临济和尚传》记载，义玄前后两次参问大愚才得以开悟。原文说：

> 既到其所，具陈上说。至夜间，于大愚前说《瑜伽论》，谈唯识，复申问难。大愚毕夕峭然不对。及至旦来，谓师曰："老僧独居山舍，念子远来，且延一宿。何故夜间于吾前无羞惭，放不净？"言讫，杖之数下，推出，关却门。
>
> 师回黄檗，复陈上说。黄檗闻已稽首，曰："作者如猛火燃，喜子遇人。何乃虚往？"
>
> 师又去，复见大愚。大愚曰："前时无惭愧，今日何故又来？"言讫便棒，推出门。
>
> 师复返黄檗，启闻和尚："此回再返，不是空归。"
>
> 黄檗曰："何故如此？"
>
> 师曰："于一棒下，入佛境界。假使百劫粉骨碎身，顶擎绕须弥山经无量匝，报此深恩，莫可酬得。"
>
> 黄檗闻已，喜之异常，曰："子且解歇，更自出身。"

首先将这两段引文中的几个词汇解释一下。禅宗语录中多用当时的白话。"老婆"是指老年妇女、老妪，用现在的话讲是老太太、老大娘，用简慢一些的话说是老太婆。"老婆心切"是指老年妇女对子女的问题考虑细致周到，唯恐出现意想不到差错的热切心情。"为汝得彻困"，意思是为你的事情已经操心操到极点了。"多子"相当"多少","子"为"些子"的省略,"无多子"犹说没有多少⑦,没有多少东西;可转意为没有什么超出一般的特别之处。"元来黄檗佛法无多子",意为"原来黄檗和尚的佛法没有多少东西",或"原来黄檗和尚的佛法没有什么了不起"。义玄用此语是表示他已领悟到黄檗的禅法没有什么特别深奥玄妙之处。《瑜伽论》全名是《瑜伽师地论》,是唐玄奘翻译的重要唯识经典之一。"峭然不对",是表情严肃,不做任何答语。"须弥山"是佛教所说的位于世界中心的最高的山。

从这两段引文可知:义玄按照希运的劝告到了大愚山寺,见到大愚禅师,把来前自己的遭遇向大愚详细做了叙述。大愚留他住了一宿。义玄曾长期学习钻研佛教戒律、经论,虽已投到希运门下,但在当时对于禅宗的不重文字和传统佛教义理的特点没有真正了解,所以在晚上将自己在以往学习佛法中的疑难问题一股脑儿提出来向大愚请教,在这个过程中也把自己对唯识经典《瑜伽师地论》的理解说出来向大愚质询。大愚以严肃的表情听他一个劲地讲,却默然不做任何答语。翌日早晨,在见到义玄时便对他进行批评,说他昨晚不应该大言不惭地向他谈论佛法,把他昨晚所讲述的一切贬为"不净"之语,并用棒打他,把他推出门外。义玄回到黄檗山,把自己的遭遇向希运如实做了叙述,希运称赞大愚以猛烈手段启导义玄的做法,同时批评义玄"虚往"而归。接着义玄又离开黄檗去参访大愚,这次在大愚的棒下终于开悟。

《临济录·行录》忽略具体过程的细节,只是比较集中地记述了义玄如何在大愚山舍得到觉悟的。简单说来就是:一、大愚向他表示,黄檗和尚对他提问佛法问题不予回答,三度施之以棒,不是要把他拒之门外,而是怀着像老妇教导子女那样的热切情肠,对他进行诱导,只是他不理解罢了;二、对于大愚所说黄檗和尚"老婆心切"的诱导和启示,义玄立即领会,对标榜"以心传心""直指人心,见性成佛,不在言说"(希运语录《传心法要》)的禅宗宗旨,立即领悟,并高兴地说:"元来黄檗佛法无多子!"在他已经达到这种意境的情况下,当大愚问他"你见个什么道理"时,他竟反过来在大愚肋下打三拳,就很自然了。在禅宗南宗看来,这是觉悟的表现。而当他再度回到黄檗山,向希运讲述自己在大愚一言之下觉悟的情景,希运再表示要打他时,他竟向希运掌脸。对于这一掌,希运不仅不怪,反而在"这风颠汉,却来这里捋虎须""引这风颠汉参堂去"的嗔骂语中默许了他的悟境。义玄对大愚诱导他得悟,"入佛境界"是十分感激的,认为此恩终身难报。

　　义玄参谒黄檗希运、大愚遭打和得悟,是中国禅宗史上著名的一段公案。这里蕴含着禅宗对佛法真谛、语言表述的独特见解,并且是禅师用棒喝接引弟子、参禅者的一个典型事例。在后来义玄传法的过程中,向弟子一再地提到自己的这段经历,表示他对这段经历的珍视,并且以此为例教导说"求法者不避丧身失命"(《临济录》)。

　　在《祖堂集·临济和尚传》中还有这样两段话:

　　　　师过旬日,又辞黄檗,至大愚所。大愚才见,便拟棒师。师接得棒子,则便抱倒大愚,乃就其背殴之数拳。大愚遂连点头曰:"吾独居山舍,将谓空过一生,不期今日,却得一子。"

师因此侍奉大愚,经十余年。大愚临迁化时,嘱师云:"子自不负平生,又乃终吾一世。已后出世,传心第一,莫忘黄檗。"

据此,义玄在此后又离开黄檗山到了大愚山寺,并且在大愚禅师身边十年,直到大愚去世。大愚临终遗言,让他以后传法时,不要忘记黄檗希运禅师。后一句话也可这样断句:"已后出世传心,第一莫忘黄檗。"在后来义玄的传法生涯中,不是没忘黄檗,而是自承黄檗希运之法,经常称赞大愚。

到底义玄在黄檗希运身边多少时候?在大愚去世之后希运是否仍在世?如果在世,他有没有回到希运门下?从现存资料是难以得到确证的。但现存资料有不少义玄在希运身边参禅、学法的记载。义玄后来形成自己的禅法门风,应当说是直接继承了希运的禅法的。

让我们从《临济录》的《勘辨》和《行录》中举一些事例做简单说明。

睡与坐禅

师在堂中睡。黄檗下来见,以拄杖打板头一下。师举头见是黄檗,却睡。黄檗又打板头一下,却往上间,见首座坐禅,乃云:"下间后生却坐禅,汝这里妄想作什么?"

首座云:"这老汉作什么?"

黄檗打板头一下，便出去。(《勘辨》)

明明是义玄在禅堂下间睡觉，而上座在禅堂上间坐禅，但黄檗和尚却不训斥惩戒义玄，反而对上座说义玄在坐禅，批评他在妄想。从这里可以看出，在希运那里，坐禅与不坐禅的标志不是外在的形式。在他看来，义玄困乏了想睡觉，就睡觉，这十分自然，符合人天生的本性，对此不应责难；而首座在那里一本正经地打坐，想借此修行寻求解脱，这不是妄想吗！希运说过："即心是佛。如今学道人不悟此心体，便于心上生心，向外求佛，著相修行，皆是恶法，非菩提道。"（《传心法要》）又说："悟在于心，非关六度万行。"（《宛陵录》）禅定是六度之一，希运把它看作是"著相"的修行，对于没有体悟"道在心悟"（《宛陵录》）的人来说，对达到解脱是没有意义的。[⑧]

无心与机辩、棒喝

（1）

黄檗因入厨次，问饭头："作什么？"

饭头云："拣众僧米。"

黄檗云："一日吃多少？"

饭头曰："二石五。"

黄檗云："莫太多么？"

饭头云："犹恐少在。"

黄檗便打。饭头却举似师。师云："我为汝勘这老汉。"

才到，侍立次。黄檗举前话。师云："饭头不会，请和尚代一转语。"

师便问："莫太多么？"

黄檗云："何不道：来日更吃一顿。"

师云："说什么来日，即今便吃。"道了便掌。

黄檗云："这风颠汉，又来这里捋虎须。"师便喝，出去。(《勘辨》)

(2)

师栽松次。黄檗问："深山里栽许多作什么？"

师云："一与山门作景致，二与后人作标榜。"

道了，将镢头打地三下。黄檗云："虽然如是，子已吃吾三十棒了也。"

师又以镢头打地三下，作嘘嘘声。黄檗云："吾宗到汝，大兴于世。"(《行录》)

(3)

师普请锄地次，见黄檗来，挂镢头而立。黄檗云："这汉困那？"

师云："镢也未举，困个什么？"

黄檗便打。师接住棒，一送送倒。黄檗唤维那："维那，扶起我。"

维那近前扶云："和尚争容得这风颠汉无礼！"

黄檗才起，便打维那。师镢地云："诸方火葬，我这里一时活埋。"（《行录》）

第一段，希运入厨房见饭头（禅寺中的厨师）拣米，便问寺中每日吃多少米。饭头如实回答，希运以为量多，饭头表示担心还少。对此回答，希运不满意，便打。义玄从饭头那里得知此事，便决定去希运处问个究竟。他对希运所做的回答也不以为然，挥掌打了希运一下。这大概是表示，作为蕴含禅机（机智、机锋，含有启示解脱道理的构思、想法）的语言、对话，是不应当具体拘于形迹的。当年慧能就说过："出没即离两边……若有人问法，出语尽双，皆取对法……"（《六祖坛经》）说有说无，说多说少等，都有懈可击。希运所说"来日更吃一顿"也被义玄认为非是机智之语，故以掌打之。

第二段，义玄在黄檗山栽松，黄檗问为什么要栽许多松。义玄先按正常生活中的语言回答，然后用镢头敲地三下表示禅机。希运以"已吃吾三十棒"来表示对他的反应仍非满意。义玄不做答语，以敲地三下，并做嘘嘘声回报。对此，希运表示认可。这其中到底蕴含什么深意？外人是难以揣测的。也许是喻示黄檗山将因他们而扬名后世，青松必将成为禅宗名山的"景致"和古德的"标榜"，如同大地一样坚实可信？"吾宗到汝，大兴于世"，明显的是希运的预言。

第三段，寺院普请（禅僧参加劳动）之时，义玄正在锄地，见希运来，便停住站立。希运问是否已经困乏。义玄说自己尚未举镢，何来困意？希运便打。此时已由正常的对话转入禅机的勘验的场合。义玄不做辩语，却因势将希运推倒。对此希运没有怪罪的意思。希运问义玄是否困乏，是从人们正常的情态下提出问题的，有感情，有分别思维，有取舍意向。如果对于义玄的普通回话不做禅语对待，义玄也不会将希运推倒。但希运竟以此打来试探义玄的悟境，义玄便不客气地因势将他推倒。

以上三段，从希运方面来说是试探义玄对"空""无心"和禅机等的认识，从义玄方面来说，是向希运表明自己对此禅宗要义已经体悟。希运在传法中曾表示："心外无法，此心即法；法外无心，心自无心，亦无无心者。将心无心，心却成有。默契而已，绝诸思议。故曰：言语道断，心行处灭。"又说："凡夫取境，道人取心。心境双忘，乃是真法"；"学道人直下无心，默契而已，拟心即差。"（《传心法要》）⑧是谓一切事物、现象，不过是心的显现，所谓"三界唯心"，而心亦空寂无实，不可执著，因此，对于一切事物既不能用言语真实表述，也不能用心识思虑分辨；从禅宗的第一义谛来说，拟心即差，著语即错。以此来看，在上述勘察禅机的场合，寺众吃多少米，山中栽松的目的，义玄是否困乏，都是不能用平常语言问答，也不应以常人情愫加以思虑和判断的。

当然，希运除不分场合勘验弟子、诱导启发弟子之外，也正式上堂说法。这从《传心法要》和《宛陵录》可以得到证明。义玄正是在这种环境和氛围中接受了黄檗的禅法。

从现存资料来看，义玄在黄檗山时也曾多次到外地游方，到其他禅寺参学，即使到了大愚门下，大概也经常往来于大愚与黄檗之间。据《临济录·行录》，义玄曾到过朗州德山寺（在今湖南常德)、潭州沩山(在今湖南宁乡)、杭州径山(在今浙江余杭)和大慈山、襄州华严院、河南熊耳山(在今河南省永宁县一带)达摩塔头,也到过龙光、三峰、翠峰、明化、凤林、金牛等地。后面这些既是地名也兼人的代名的具体起点,现在已经难以断定了。在义玄与参访的禅师的交往中,既有禅语问答,又有棒喝交驰;在禅语问答中,既有蕴含机智的短语、隐喻、反诘话,也有词语清丽、声韵谐美、意境玄远的诗句。

可以说,义玄通过到各地参访,与各种派系的禅师的交往、禅机勘验,扩大了眼界,也对当时禅宗界存在的种种问题有了深刻的了解,这对他以后建立临济宗的禅法体系和形成自己传授禅法的独特门风都是有借鉴意义的。

(四) 传法于滹沱河畔
义玄到镇州时间的推定

义玄是何时到达镇州的,史书没有明确的记载。我们只能根据相关资料对此做大致的推定。《临济录·行录》有这样一段记载:

师因半夏上黄檗,见和尚看经。师云:"我将谓是个人,元来是揞黑豆老和尚。"

住数日,乃辞去。黄檗云:"汝破夏来,不终夏去。"

师云:"暂来礼拜和尚。"

黄檗遂打趁令去。师行数里,疑此事,却回终夏。师一日辞黄檗。黄檗问:"什么处去?"

师云:"不是河南,便归河北。"

黄檗便打。师约住,与一掌。黄檗大笑,乃唤侍者,将百丈先师禅板、机案来。

师云:"侍者,将火来!"

黄檗云:"虽然如此,汝但将去,已后坐却天下人舌头在。"

中国佛教以阴历四月十六日至七月十五日为夏安居日,或简称坐夏,僧人在这期间静居寺内坐禅修行,接受供养,一般不外出。义玄在大愚死后也许到各地游方一个时期,在五月下旬"半夏"的时候回到黄檗山。如前所述,黄檗希运在武宗会昌二年(842)应洪州刺史、江西观察使裴休的邀请离开黄檗山到南昌龙兴寺传法。在裴休于会昌三年(843)改任潭州刺史、湖南观察使以后,也许又回到黄檗山。会昌五年(845)武宗禁断佛教,希运与弟子逃隐山林。宣宗即位恢复佛教,他又出来传法。裴休在大中二年至四年(848~850)任宣州刺史、宣歙观察使时,迎请他到宣城开元寺传法。也许在此后希运又回到黄檗山,直到大中九年(855)于山中去世。那么,义玄是在武宗禁毁佛教之前回到黄檗山呢,还是以后?仅从这段记述是得不出结论的。据这个记载只可看到义玄最后离开希运而打算去河北传法的情景:在一个中夏时节,义玄匆匆回到黄檗山探望希运,看到希运正在读经,便讥讽他是收藏黑豆(比喻经文)的老和尚,数日后告辞。途中对希运的问话有疑,又折回黄檗山度过夏安居。在告辞离山时,希运将"百丈先师"遗留下的禅板、机案传给义玄,并预言他将来在禅宗界会有一番大的作为。义玄告诉希运自己的去向："不是河南，便归河北。"结果，他选择了河北镇州。

义玄最后决定到河北当是受到慧寂劝告的影响。义玄在黄檗山时曾奉师命到湖南潭州大沩山同庆寺给师叔沩山灵祐送信。《临济录·行录》记载：

师为黄檗驰书去沩山。时仰山作知客，接得书便问："这个是黄檗底，那个是专使底？"

师便掌。仰山约住云："老兄知是般事，便休。"

同去见沩山。沩山便问："黄檗师兄多少众？"

师云："七百众。"

沩山云："什么人为导首？"

师云："适来已达书了也。"

师却问沩山："和尚此间多少众？"

沩山云："一千五百众。"

师云："太多生。"

沩山云："黄檗师兄亦不少。"

师辞沩山。仰山送出云："汝向后北去，有个住处。"

师云："岂有与么事？"

仰山云："但去，已后有一人佐辅老兄在。此人只是有头无尾，有始无终。"

师后到镇州，普化已在彼中。师出世，普化佐赞于师。师住未久，普化全身脱去。

灵祐（771~853），据《宋高僧传》卷十一本传是在唐宪宗元和末（820年前后）到潭州（治今长沙），不久入大沩山，在信徒的支援下建寺传法，除在武宗毁佛时一度还俗外，直到大中七年（853）去世一直在沩山传法。弟子仰山慧寂（807~883），年十八为沙弥，曾先后参学宗禅师、耽原禅师，入大沩山投到灵祐门下时仍是个沙弥。时间在文宗太和元年（827）前后，在沩山十四五年，约在会昌元年（841）前后离开沩山，到袁州仰山（在今江西宜春市）传法。（《祖堂集》卷十八《仰山和尚传》、《宋高僧传》卷十二《慧寂传》）据此，义玄应在慧寂离开沩山之前到沩山为师送信，此时尚未遭遇毁佛，沩山和黄檗都很兴盛，沩山有僧众1500人，黄檗山有僧众700人。慧寂告诉他河北的一些情况，劝他到那里传法。也许就在会昌二年（842）希运应裴休之请赴南昌之前，义玄离开黄檗山，在武宗禁断佛教前后到达镇州，住入城东南角濒临滹沱河的临济院传法。当地有位普化和尚，在义玄到来之后曾协助他传法。

根据以上的考察，义玄是最初从在沩山担当知客的慧寂处得知北方有个"住处"，产生到北方的念头，在会昌二年（842）希运应裴休之邀离开黄檗山之前，到黄檗山去辞别希运，大约在会昌五年（845）前后辗转到达镇州。

义玄与"王常侍""中令何公"

义玄在到达镇州后，先住在地处真定城东南滹沱河北岸的临济院。寺名"临济"是取濒临河渡之意。《临济录·行录》后附临济小传中说，义玄住进临济院之后，普化和尚曾辅助他传法，而正当义玄传法活动取得进展的时候（所谓"师正旺化"），普化去世。又载：

> 适丁兵革，师即弃去。太尉默君和于城中舍宅为寺，亦以"临济"为额，迎师居焉。

这里"兵革"是指什么事件？默君和是何人？对此段文字应做何解释？日本柳田圣山在《佛典讲座30·临济录》的注释中引证江户时代道忠的考证，以《太平广记》卷一九二所载《默君和》的记述对此解释，然后认为从时间上看与这个记载不相应。《太平广记》的记载大意是：并州军（指李克用的晋军）攻犯常山县邑（指成德军辖地），赵王王镕求救于燕王（指卢龙节度使）李匡威，击退并州军后，李匡威因其弟篡位占据其境土而滞留于赵，阴谋篡夺赵王之位。一日，以武力劫持赵王，但被屠者默君和拯救。事后默君和受封赏。虽未记时间，但此事基本可信。据《新五代史》卷三九并参《通鉴》相关记载，从景福元年至景福三年（892~894）晋军三度进犯镇、赵诸地，王镕求救于卢龙节度使李匡威，李匡威后因弟篡位居于镇州，策划占据镇州。王镕被他劫持时为屠者默君和所救。从时间来看，此时义玄早已去世，王镕尚未称赵王。也许是默君和后来确实在城中建寺名临济寺，但居住者不是义玄，而是他的后继弟子。

那么，此处的"兵革"指什么呢？据史书记载，从王元逵担任成德军节度使至其子王绍鼎、王绍懿为止（834~866），与朝廷的关系较和顺，镇州诸辖地大体是平静的。王绍鼎在位仅三年

（854～857），《通鉴》卷二四九宣宗大中十一年（857）载："绍鼎沈湎无度，好登楼射弹人以为乐，众欲逐之；会病薨，军中立其弟节度副使绍懿。"这简单的几句当中蕴藏着一个事实，在王绍鼎死前酝酿着一场兵变。按照唐代藩镇惯例，节度使的亲兵（牙兵）很有权势，在有的场合可以废立节度使，然后请朝廷任命。王绍鼎晚年，他的亲兵与镇州民众也许已有推翻他的准备和动作，影响到地处城东南的临济院的安宁。此也许就是使得义玄离开临济院的原因。义玄离开城东南的临济院以后既然不可能住入后来默君和建的寺院，那么只能是别的寺院，也许是真定城北边某处的一个寺院。

《临济录·行录》后附临济小传记载：

后拂衣南迈。至河府，府主王常侍延以师礼。

成德镇的治所——大都督府、节度使府设在真定，因此真定也被称为河府，因在滹沱河北，也称河北府、河阳府。从这段记载可知，当义玄进入真定城时，受到成德镇节度使"王常侍"的礼敬，以师待之，可能将他安置于某个寺院居住；而在此以前义玄在镇州传法，似乎尚未与成德镇节度使发生直接关系。那么，这位"王常侍"是谁呢？是王"右散骑常侍"之略，是成德镇节度使王绍懿。据《旧唐书》卷一四二《王绍懿传》并参《通鉴》相应记载，在其兄王绍鼎死后，唐宣宗大中十一年（857）命"节度副使、都知兵马使、检校右散骑常侍、镇府左司马、知府事兼御史中丞王绍懿，本官充成德军节度观察留后"，当年正授成德军节度使、检校工部尚书。可以想象，从此之后义玄的传法事业在镇州最高军政当局的支持下取得迅速发展，义玄在佛教界的影响也日大。

元本《临济录》开头载：

府主王常侍与诸官请师升座。

师上堂云："山僧今日，事不获已，曲顺人情，方登此座。若约祖宗门下，称扬大事，直是开口不得，无你措足处。山僧此日，以常侍坚请，那隐纲宗。还有作家战将，直下展阵开旗么？对众证据看。"

僧问："如何是佛法大意？"

师便喝。僧礼拜。师云："这个师僧，却堪持论。"

问："师唱谁家曲，宗风嗣阿谁？"

师云："我在黄檗处，三度发问，三度被打。"

僧拟议，师便喝，随后打云："不可向虚空里钉橛去也。"

有座主问："三乘十二分教，岂不是明佛性？"

师云："荒草不曾锄。"

主云："佛岂赚人也？"

师云："佛在什么处？"

主无语。师云："对常侍前，拟瞒老僧。速退，速退，妨他别人请问。"

复云："此日法筵为一大事故，更有问话者么？速致问来。你才开口，早勿交涉也。何以如此？不见释尊云：

法离文字，不属因，不在缘故。为你信不及，所以今日葛藤。恐滞常侍与诸官员，昧他佛性，不如且退。"

喝一喝云："少信根人，终无了日。久立，珍重。"

这里记述了义玄某日上堂说法的全过程。义玄应成德镇节度使、检校右散骑常侍王绍懿与其部下官员之请，上堂升座说法。义玄首先表示，按照禅宗祖师的传统，是不应当开口讲述佛法的，但由于王常侍诸官的请求，不得已才上堂说法，宣示禅宗的"纲宗"（要义）。在义玄与僧就禅法的问答当中，这位节度使是直接参与了的。义玄通过回答僧的参问主要表述了三个意思：一、佛法不可用语言宣示；二、表明自己是传承黄檗希运的禅法；三、宣称传统的"三乘十二分教"不能阐明佛性的道理，如同不可期望不锄荒草而可收获庄稼一样，也不可期望通过修学传统佛法而达到解脱。在师徒答问中表现出禅宗活泼的传法风格。义玄用大喝来示意僧问"佛法大意"之无当，而僧以礼拜来表示已经理解，因此义玄以此僧"却勘持论"来表示认可。义玄以"不可向虚空里钉橛"来比喻用世俗的语言来表述佛法之不可能。当王绍懿对义玄贬低"三乘十二分教"提出质问：既然经教是出自佛之口，难道佛也骗人吗？他竟反问："佛在什么处？"对此，王绍懿无言以对。看来，这位节度使对佛教是信奉的，对正在兴起的禅宗已经产生兴趣。

在《临济录》中还有记载：

师因一日到河北府。府主王常侍请师升座。

时麻谷出问:"大悲千手眼,那个是正眼?"

师云:"大悲千手眼,那个是正眼?速道,速道!"

麻谷拽师下座。麻谷却坐。师近前云:"不审。"麻谷拟议,师亦拽麻谷下座。师却坐。麻谷便出去。师便下座。

也许义玄并不固定住在真定城内,但经常应王绍懿的邀请在城内某寺院说法。在一次说法中,有位麻谷和尚⑩站出来问千手千眼观音菩萨的正眼在什么地方。这也是一个如同佛法真义、真如等一样不能用语言表述的问题。因此义玄以反诘语问他,最后竟演出互相拽拉抢座的一幕。大意是,你问我,我不答;我反过来问你,你也不答,各以为自己据理取胜,应据座。对此,王绍懿看在眼里,并不责怪,说明他对禅宗的棒喝机辩等已有相当了解。他有时虽对禅宗的做法有所疑问,但经过义玄的独具一格的解释,也能理解。《临济录·勘辨》记载:

王常侍一日访师,同师于僧堂前看,乃问:"这一堂僧还看经么?"

师云:"不看经。"

侍云:"还学禅么?"

师云:"不学禅。"

侍云:"经又不看,禅又不学,毕竟作个什么?"

师云:"总教伊成佛作祖去。"

侍云:"金屑虽贵,落眼成翳。又作么生?"

师云:"将为你是个俗汉。"

据此,王绍懿也回访义玄的寺院。一日访问寺院时,向义玄问僧堂中的僧人是否看经学禅,对此,义玄一律做否定的回答。当他问这些僧到底做什么的时候,义玄肯定地回答:最终要教他们"成佛作祖"。他所说的"金屑虽贵,落眼成翳"的话是什么意思呢?是表示已经理解了义玄的解释,并用隐喻从更高层次上提出反问,"成佛作祖"虽好,但如果对此产生执著又怎样呢?义玄的"将为你是个俗汉"含有褒义,是说:本来我还以为你是个俗汉呢!

从《临济录》的记述中,镇州的高级官员对义玄已经相当熟悉,对禅宗的风格也有所了解。《勘辨》中有这样一段:

师因入军营赴斋,门首见员僚。师指露柱问:"是凡是圣?"

员僚无语。师打露柱云:"直饶道得,也是个木橛。"便入去。

成德镇节度使有自己的军队——牙军,自然有军营。也许节度使有时进城中的府衙处理政务,有时到处于城外的军营处理军务,也在军中进行社交活动,例如举办斋僧的仪式。义玄某次应邀到军营赴斋,在门口指着露天木柱问是凡是圣,节度使府衙的官员虽默然无对,但似乎并不把义玄的行为看作是反常的狂举。至于义玄的自言自语是什么意思?仅仅指的是木柱,还是暗含嘲讽这些官员之意？不好断定。从这段描写也可以看出，义玄与节度使的关系已经相当密切了。

义玄在去世前几年曾到过河东道的河中府。河中府曾为蒲州，治所在河东县。义玄在此多少时间已经无从判断，此后应请到了魏博镇。公乘亿《魏州故大德奖公塔碑》记载，大约在唐懿宗咸通元年（860）前后，存奖投到义玄门下，从受禅法之后，便启程云游江南名山禅寺，曾参谒仰山慧寂之门，某日忽然听说其师义玄应请已去蒲州，便迅速北上寻师侍奉。碑文曰：

> 遽闻临济大师已受蒲相蒋公之请，才凝省侍，飞锡而遽及中条，寻获参随。置杯而将渡白马，当道先太尉中令何公，专发使人迎请临济大师。和尚翼从一行，不信宿而至于府下，而乃止于观音寺江西禅院，而得簪裾继踵，道俗连肩。曾未期年，是至迁化。斯盖和尚服勤道至，展敬情深，无乖灵堵之仪，克尽荼毗之礼云。

"蒲"即蒲州，开元元年（713）改为河中府，当年又复为州；乾元三年（760）又改为河中府。治所在河东县，在今山西省永济市西蒲州。碑文中用"蒲"作为河中府的代称。"蒲相蒋公"，当即身居相位的河中节度使蒋伸。据《旧唐书》卷一四九、《新唐书》卷一三二《蒋伸传》和《新唐书》卷六十三《宰相表下》，蒋伸在咸通二年（861年，表谓三年）被任为河中节度使，"同中书门下平章事"（宰相）。至咸通四年（863）由毕諴继其位。（《旧唐书·懿宗纪》，并参吴廷燮《唐方镇年表》卷四）中条是地名,据《元和郡县志》卷十二,在河东县南十五里有雷首山,又名中条山。白马在滑州,在今河南省的滑县,北临黄河。"太尉中令何公",是魏博镇节度使何弘敬,大中十三年(859)诏兼中书令,咸通七年(866)死,朝廷赠太师之号;(《新唐书》卷二一〇《何弘敬传》)此处之"太尉"当误,应为"太师中令何公"。此碑撰于何弘敬死后,用的自然是后来的称谓。上面引文大意是说,存奖正在南方仰山慧寂之门参禅的时候,听说义玄应河中府长官蒋公之请到了河东县城,决定前往看望服侍,便以最快的速度到达河东县南的中条,在那里与义玄相逢,护侍义玄往河北方向走,在到达白马将渡黄河的时候,魏博节度使何弘敬派专人前来将义玄迎请到魏博府所在地贵乡县城,安置在观音寺的江西禅院,立即受到当地官员、士大夫和众多僧俗信徒的欢迎,前来参谒者不断。义玄在此居住三年多时间去世。存奖一直守候在义玄的身边,并参与荼毗葬礼。

对于义玄从镇州至魏州的事,《临济录·行录》后附临济小传有极其简要记载,说义玄在镇州府住的时间不长,"即来大名兴化寺,居于东堂"。据此,贵乡城中的观音寺就是兴化寺,也许兴化寺是后来起的名字。

义玄与普化和尚、赵州和尚

义玄刚到镇州临济院时,有位普化和尚已在当地传法;在镇州南边也属于成德镇管辖的赵州有位从谂禅师,在佛教界已经很有名声。

普化(?~860)和尚是幽州盘山宝积禅师的弟子。宝积禅师嗣法于马祖，曾谓："心若无事，万象不生"，"全心即佛，全佛即人；人佛无异，始为道矣。"临去世时问弟子有谁相貌与他相似。弟子皆绘自像上呈给他，他皆打之。"弟子普化出曰：某甲貌得。师曰：何不呈似老僧？普化打筋斗而出。师曰：这汉向后如风狂接人去在。"（《景德传灯录》卷七《宝积传》）[11]普化和尚后来离开盘山在北方传法，"或城市，或冢间"（同上卷十《普化传》），来到镇州真定，表现怪异，近似"疯狂"，"有时歌舞，或即悲号，人或接之，千变万态，略无恒度"（《宋高僧传》卷二十《唐真定府普化传》）[12]。

按照佛教内部的传承辈数，普化相当于义玄的师叔。在《临济录》中有多处义玄与普化对话，《勘辨》记载：

师一日同普化赴施主家斋次。师问："毛吞巨海，芥纳须弥，为是神通妙用，本体如然？"

普化踏倒饭床。师云："太粗生。"

普化云："这里是什么所在，说粗说细。"

"毛吞巨海，芥纳须弥"，是说毫毛虽纤细，可以容下大海；芥子虽微小，可以容纳须弥山。这是比喻理与事、事与事、世界一切千差万别的现象彼此会通圆融的道理。是《华严经》和华严宗的重要教理之一。义玄之问，与禅宗的"拟心即差"、不重言教的宗旨有所违背，故普化做出猛烈反对的表示，意为吃施主的斋饭竟说些分辨粗细的有碍解脱的废话。《勘辨》还载：

师来日又同普化赴斋。问:"今日供养,似昨日?"
普化依前踏倒饭床。师云:"得即得,太粗生。"
普化云:"瞎汉,佛法说什么粗细。"
师乃吐舌。

义玄对施主两日的斋饭供养有所比较,又遭到普化的斥责。

普化在镇州街市的表现,引起人们的猜疑和议论。义玄虽为受人尊敬的禅师,但对这位师叔也有猜疑:他为什么有佯狂、怪异的表现呢?难道他是佛教的圣贤(佛、菩萨)在世间的显化吗?《勘辨》载:

师一日与河阳木塔长老同在僧堂地炉内坐,因说普化每日在街市掣风掣颠,知他是凡是圣。言犹未了,普化入来。师便问:"汝是凡是圣?"
普化云:"汝且道,我是凡是圣?"
师便喝。普化以手指云:"河阳新妇子,木塔老婆禅;临济小厮儿,却具一只眼。"
师云:"这贼。"
普化云:"贼,贼!"便出去。

"河阳木塔长老"当是在滹沱河北(河阳)的一位守木塔的禅僧。一日,义玄与这位长老正在谈论普化是凡是圣的事,普化进来,义玄当面问他,他做反问,最后以互相称对方是贼而收场。"河阳新妇子,木塔老婆禅",是说木塔长老的禅法过于细致周密，如同住在河北的新媳妇，竟具有老妇那样热切心肠。"临济小厮儿，却具一只眼"，是说义玄虽辈分小，在禅法上却独有高明之处，其中含有赞扬之意。

禅宗语言在不少场合是难以确切把握和表述的。普化和尚的像是"胡言乱语"的禅话到底是什么意思呢？请看：

因普化常于街市摇铃云："明头来，明头打；暗头来，暗头打；四面八方来，旋风打；虚空来，连架打。"

师令侍者去，才见如是道，便把住云："总不与么来时如何？"

普化托开云："来日大悲院里有斋。"

侍者回举似师。师云："我从来疑著这汉。"（《勘辨》）

全方位地"打"什么？是打断世俗思路？是断除人间烦恼？似乎怎样解释都有道理。义玄派人问：如果不从他说的方位来时怎么办？他立刻改换话题。义玄之疑，也许正是因为他不似凡人，而怀疑他是圣贤的显化。

另外，在义玄与普化的交往中也有这样的场面：

一日，普化在僧堂前吃生菜。师见云："大似一头驴。"

普化便作驴鸣。师云："这贼！"

普化云："贼，贼！"便出去。（《勘辨》）

"贼"是机智的谑称。在这里,普化的憨朴粗野,义玄的戏谑,跃然于纸上。禅僧的这种任性不羁,忽忘形骸的表现,使人联想到魏晋时期的清谈名士。从某种意义上说,禅宗是玄学在新形势下一定程度的复归,是具有玄学色彩的佛教。

关于普化的去世,《临济录·勘辨》的记载带有一些神秘成分。

> 普化一日于街市中就人乞直裰,人皆与之。普化俱不要。师令院主买棺一具。普化归来,师云:"我与汝做得个直裰了也。"
>
> 普化便自担去,绕街市叫云:"临济与我做直裰了也。我往东门迁化去。"
>
> 市人竞随看之。普化云:"我今日未,来日往南门迁化去。"
>
> 如是三日,人皆不信。至第四日无人随看,独出城外,自入棺内,倩路行人钉之。即时传布。市人竞往,开棺,乃见全身脱去,只闻空中铃响,隐隐而去。

这大概是按照普化和尚是佛菩萨显现的模式描述的。"直裰"是僧衣的一种,样子像大褂。普化预感死将来临,便到处向人乞施僧服,义玄送一口棺材。普化在避开人的围观之后悄然离开人世。全身脱去的说法,只能理解为一种传说。禅宗对菩提达摩也有这种传说。《宋高僧传·普化传》的记载是:"一旦坐于郊野,如入禅定焉。"⑬这种说法还是比较可信的。

从谂（778~897），俗姓郝，因久住赵州，被称为赵州和尚，嗣法于马祖的弟子南泉普愿。他在大中十二年（858）才到赵州（治所在今河北赵县）观音院传法，当时正是王绍懿任成德镇节度使不久之时。他活到一百二十岁，经历了王景崇、王镕二任节度使。

赵州和尚基本延续从慧能——马祖——普愿以来的禅法，引导信众通过"识心见性"和所谓"穷理""究理"来体悟自性，建立信心，自修自悟，并用蕴藏机锋的"柏树子""吃茶去"等饶有风趣的禅话截断参禅者的世俗思路，形成自己独树一帜的"家风"。有僧问："如何是祖师西来意？"他竟答："庭前柏树子。"有人问："狗子还有佛性也无？"他明知佛性论是主张一切众生皆有佛性的，却做相反的回答："无。"新僧来参谒，还未曾说话，他便叫他们"吃茶去"。（《古尊宿语录》卷十三、十四《赵州语录》）这些禅话，成为以后禅宗丛林广为流传的公案。

赵州和尚也属于义玄的师叔辈分，因为距真定较近，也曾行脚到过镇州真定参访过义玄。《古尊宿语录》卷十四《赵州语录》载：

>　　师因到临济，方始洗脚。临济便问："如何是祖师西来意？"师云："正值洗脚。"临济乃近前侧聆。师云："若会便会，若不会，更莫啖啄作么。"临济拂袖去。师云："三十年行脚，今日为人错下注脚。"

按禅宗参禅惯例，对于诸如"何为祖师西来意"之类的问题不仅没有明确一致的答案，甚至也不应答问。赵州和尚的回答实际并没有什么特别之处。他认为"错下注脚"也许是后悔自己竟然做出回答。在《临济录·勘辨》有与此相反的记载：

赵州行脚时参师，遇师洗脚次。州便问："如何是祖师西来意？"

师云："恰值老僧洗脚。"

州近前作听势。师云："更要第二杓恶水泼在？"

州便下去。

义玄的第一句回答与前引赵州的回答相同，第二句是表示对其所问不予回答。二段记述何者真实，已不可考。

与义玄同时代的著名禅僧还有很多人，其中属于马祖法系的有沩山灵祐、仰山慧寂等人；石头法系的有洞山良价、夹山善会、德山宣鉴、雪峰义存等人。义玄与他们之中的部分人或通过他们的弟子有过联系。唐五代时禅僧的行脚游方，在南北丛林之间沟通信息，交流禅法，是一种重要的社会文化现象。

义玄的去世

义玄死于魏州贵乡观音寺。关于义玄去世的时间，史书有不同的记载。《祖堂集》卷十九《临济和尚传》、《宋高僧传》卷十二及《景德传灯录》卷十二的《义玄传》皆作唐咸通七年丙戌岁（866）四月十日去世，而《临济录·行录》后附临济小传则作咸通八年丁亥（867）孟陬月（阴历正月）十日去世。今从前者。《临济录·行录》记载义玄在去世前对弟子的嘱咐，曰：

> 师临迁化时，据坐云："吾灭后，不得灭却吾正法眼藏。"
>
> 三圣出云："争（按，怎）敢灭却和尚正法眼藏。"
>
> 师云："已后有人问你，向他道什么？"
>
> 三圣便喝。师喝云："谁知吾正法眼藏，向这瞎驴边灭却。"

"正法眼"，洞察真理的智慧之眼，即正确的佛法观；"正法眼藏"意为正确佛法秘要的总汇、宝藏，亦可简称"正法"。三圣是镇州三圣寺慧然，是义玄弟子之一，是《临济录》的集录者。义玄嘱咐弟子不要使他的禅法灭亡。三圣慧然站出来表示说不敢。当他对义玄所问报之以喝时，义玄断言他的正法将灭在他的手里。也许是对他的这一喝不满，但不大喝一声又该如何做答呢？

义玄死后，朝廷赐谥慧照大师之号，塔额名澄虚。《临济录·行录》说："建塔于大名府西北隅，塔号澄灵。"《景德传灯录·义玄传》也载塔名澄灵。大名即原来的贵乡。贵乡，五代后唐改置广晋府，后汉在此置大名府，治所在元城、大名（在今河北大名东）。

据上所述，义玄在河北传法的后期，直接得到了成德镇节度使王绍懿、魏博镇节度使何弘敬的支持，为临济禅法的传播提供了优越的环境和条件。

在唐五代禅宗兴起的过程中，一些大的禅宗传法中心和派别几乎都得到当地的刺史、观察使或节度使以及后来的割据君王的支持，得到顺利的发展。仅就南宗来说，马祖及其法系的智藏、普愿、希运、灵祐、慧寂等人，石头法系的道悟、宣鉴、义存、文偃、文益等人，皆是如此。可以认为，禅宗迅速发展成为佛教的主流派和禅门五宗的相继成立，如果没有这样多的军政官员和士大夫"外护"的理解和支持是难以想象的。

三、临济义玄的主要弟子

义玄在镇州、魏州两地传法，逐渐远近闻名，投奔门下为弟子的人也日多。据《景德传灯录》卷十二记载，义玄有嗣法弟子二十二人，其中著名并且有事迹语录留下的有十六人。他们是：鄂州灌溪志闲禅师、幽州谭空和尚、镇州宝寿沼和尚、镇州三圣慧然禅师、魏府大觉禅师、魏府兴化存奖禅师、定州善崔禅师、镇州万岁和尚、云山和尚、桐峰庵主、杉洋庵主、涿州纸衣和尚、虎溪庵主、覆盆庵主、襄州历村和尚、沧州米仓和尚（以上在《景德传灯录》卷十二有传记语录）、齐耸大师、涿州秀禅师、浙西善权彻禅师、金沙禅师、允诚禅师、新罗国智异山和尚。

现仅对其中的几位比较有影响的弟子做概要介绍。

志闲

鄂州（治所在今湖北武汉）的灌溪志闲（？~895），魏府馆陶（在今河北）人，俗姓史，幼从柏岩禅师出家，二十岁受具足戒。初谒见义玄禅师，义玄没有讲话，只是突然拽住他的前胸很久才放开。他从中受到启悟,说:"领矣。"此后他向弟子提起此事,说:"我见临济无言语,直至如今饱不饥。"到底他从义玄拉着他的动作中领会到什么,无从窥测。有僧问他:"请师不借。"(《五灯会元》卷十一《志闲传》作"不借借")大概是请他不要假托绕弯(比喻、手势等)而直接讲授解脱的道理。他回答:"满口道不得('得',原作'借',据《五灯会元》改)。"他又说:"大庾岭头佛不会,黄梅路上没众生。"很可能是借用当年慧能到黄梅弘忍门下求法的故事。慧能从南方到黄梅东山弘忍处求法,虽尚未悟道,但从追求的目标和发展的趋势来看,通往黄梅的路上的慧能不是一般的众生(是佛);慧能从黄梅得法回南方经过大庾岭,后边有人来追,表示当时没有人认识(会得)他就是佛。有僧前来参禅,说:"久向灌溪,到来只见沤麻池。"志闲对答:"汝只见沤麻池,不见灌溪。"僧问:"如何是灌溪?"他说:"剪(《五灯会元》作'劈'字)箭急。""问:今日一会抵敌何人?师曰:不为凡圣。问:一句如何?师曰:不落千圣机。"(《景德传灯录》卷十二《志闲传》)[13]他的这些禅语到底蕴含什么具体意思,难以明确解释。这种倾向在义玄的后继弟子中是普遍存在的,并且具有不断发展的趋势。

志闲后至潭州的岳麓山(在今湖南长沙)传法,死于五代唐乾宁二年(895)。弟子中有池州鲁祖山教和尚。(《景德传灯录》卷十二)

沼和尚

镇州宝寿沼和尚。有僧参问:"万境来侵时如何?"他回答:

"莫管他!"僧礼拜。他说:"不要动着,动着即打折汝腰。"有位叫胡钉铰的人来参禅。他就"胡钉铰"这个名字引出以下禅话。《景德传灯录》卷十二《沼和尚传》载:

> 胡钉铰参。师问:汝莫是胡钉铰?曰:不敢。师曰:还解钉得虚空否?曰:请和尚打(原作"拆"字,据《祖堂集》卷二十《宝寿和尚传》改)破,某甲与钉。师以拄杖打之。胡曰:和尚莫错打某甲。师曰:向后有多口阿师与汝点破在。⑮

东西破裂了可以用钉补的方法修补,但广阔的虚空是无破裂可言的,自然也无修补之说。沼和尚用近乎戏语的问话问胡能否钉虚空,胡不正面说不能,而是提出让他先打破虚空,然后再谈钉补。沼和尚虽用拄杖打他,似乎是对他回答的认可。

有人问沼和尚:"万里无片云时如何?"他说:"青天亦须吃棒。"死前,问弟子:"汝还知我行履处否?"弟子回答:"知和尚一生长坐不卧。"由此可以了解,他是坚持昼夜坐禅的。南宗批评坐禅,反对的只是一味执著坐禅,并不意味着绝对排斥坐禅。

有弟子汝州西院思明禅师和宝寿和尚(二世)。(《景德传灯录》卷十二)

慧然

镇州三圣院慧然，义玄去世时曾守护在他的身边。《临济录·行录》载：义玄死前对弟子嘱咐说："吾灭后，不得灭却吾正法眼藏。"此时三圣（慧然）站出来说："争（怎）敢灭却和尚正法眼藏！"义玄问他："已后有人问你，向他道什么？"三圣便喝。义玄说："谁知吾正法眼藏，向这瞎驴边灭却。"言讫死去。义玄嘱咐弟子不要灭却他的正法，慧然出来表示响应。义玄问他应如何回答别人的质问，他以临济门下常用的"喝"来答复，竟遭到义玄的斥责，说以后他的正法将灭在他的手里。这是正话，还是反话？现存通行本《临济录》的前面题以"住三圣嗣法小师慧然集"。也许慧然曾对义玄传授禅法做过记录，最早的《临济录》是在慧然记录的基础上编著的。从这个意义上说，临济正法并没有灭在慧然手里。⑯

慧然在义玄死后，前后参谒过仰山慧寂、香岩智闲，也曾参谒过石头系的德山（若在义玄死后参访，当是德山二世）。又曾至福州参雪峰义存。他听义存在说法中提到："人人尽有一面古镜，这个猕猴亦有一面古镜。"是借用"古镜"比喻人所具有的所谓"佛性"，说人人皆有佛性，猕猴也有佛性。慧然据佛性是超越于名言概念之上的道理，立即提出质询："历劫无名，和尚为什么立为古镜？"义存说："瑕生也。"好像是强辩自己说的佛性是已经受到污染的佛性，故可以起名"古镜"。对此，慧然斥责说："这老和尚话头也不识！"义存表示："罪过，老僧住持事多。"似乎是认了错。（《景德传灯录》卷十二《慧然传》）⑰所载是否真实，不好断定。

弟子中著名的有镇州大悲和尚、淄州水陆和尚。(《景德传灯录》卷十二)

大觉

魏府大觉禅师，在宋王随据早期《景德传灯录》所编的《传灯玉英集》卷六中将他作为黄檗希运的嗣法弟子，但在后来通行的明本《景德传灯录》等皆把他作义玄的法嗣。大觉是号，也许因住某地的大觉寺而得此号。《临济录》中有一段文字是记述他的：

> 大觉到参，师举起拂子。大觉敷坐具，师掷下拂子。大觉收坐具，入僧堂。众僧云：这僧莫是和尚亲故，不礼拜，又不吃棒。师闻，令唤觉。觉出。师云：大众道，汝未参长老。觉云：不审。便自归众。

据这段话，说大觉与义玄是同辈似乎更恰当，也许是义玄的师弟。

《景德传灯录》卷十二《大觉传》记载，在存奖任魏府兴化寺的院主（监寺）时，曾以自负的口气说过："向南行一回，挂杖头未曾拨着个会佛法的人。"意为南方丛林没有一个真正懂得禅法的禅师。大觉对此提出异议，质问说："汝凭什么道理有此语？"存奖只喝而不做解释。大觉便施之以棒。存奖又喝，大觉又打。翌日，大觉召唤存奖，说："院主，我直下疑汝昨日行底（的）喝，与我说来。"存奖回答："存奖平生于三圣（按，当指慧然禅师）处学得底，尽被和尚折倒了也。愿与存奖个安乐法门。"大概存奖年轻，在义玄死后曾在慧然门下任首座，又跟慧然学法。他向大觉承认昨日的两喝不合时宜，希望大觉给予启示。于是，大觉说："这瞎驴来这里纳败缺（按，"败缺"意为不当、错误），卸却衲帔，待痛决一顿！"⑱据载兴化当即有悟。

大觉的弟子有庐州大觉和尚。（《景德传灯录》卷十二）

存奖

魏府兴化存奖（830～888），据唐公乘亿《魏州故禅大德奖公塔碑》（《文苑英华》卷八六八）记载，俗姓孔，祖籍在邹鲁，是孔子的后裔，远祖为官蓟门（此当指蓟县，在今北京一带），全家徙居此地。七岁时依止三河县甘泉院晓方禅师出家。大中五年（851）于卢龙军（幽州）节度使张公（当即张允伸）所置的戒坛受具足戒，大中九年（855）"侍中张公重起戒坛于涿郡。众请和尚以六逾星纪，三统讲筵，宣金石之微言，示玉毫之真相"。"星纪"一般是指十二地支中的丑，指丑岁，而在此当"岁月"讲。是说在连续六年时间里，众僧请存奖连续主持讲经三次。此后存奖才参谒义玄。碑文说："禅大德玄公者，即临济大师也。和尚一申礼谒，得奉指归，传黄檗之真筌，授白云之秘诀。""白云"于意不明，"黄檗"自然是黄檗希运，是说从义玄那里得受黄檗禅法，实指临济禅法。时间当在懿宗咸通元年（860），存奖才三十一岁。据此记载，义玄在此时已经相当有名。

在此之后，存奖离开河北到南方游方，"经吴会兴废之都，尽梁武庄严之地（江浙一带），无不追穷圣迹，探讨禅宗"，后到钟陵（南昌，洪州治所），仰山慧寂"方开寺宇，大启禅扃。赴地主之邀迎，会天人之供施"。据《祖堂集》卷十八、《宋高僧传》卷十二《慧寂传》及陆希声《仰山通智大师塔铭》（《全唐文》卷八一三），仰山慧寂大约在会昌元年（841）前后离开潭州的沩山，至袁州仰山（在今江西宜春市）传法，逐渐出名。后到南昌石亭观音院，晚年至韶州的东平山，在此去世。就在慧寂刚到南昌开堂传法之际，存奖到达这里，受到慧寂的欢迎。时间当是咸通二年（861）。"面陈奥义，众莫能分，和尚立以剖之，如刀解物。仰山目贻击指，称叹再三。"（《奖公塔碑》）慧寂在辈分上是存奖的师叔，他对存奖的禅法理解表示赞赏。

前面介绍义玄生平时已据《奖公塔碑》提到，蒋伸在咸通二年或三年（861年或862年）至四年任河中节度使，同时身兼国相。此即《奖公塔碑》中的"蒲相蒋公"。他邀请义玄到河中府的治所河东县（今山西永济蒲州镇）传法。存奖听说这个消息，立即起身前往随从护侍。此后他护侍义玄回到河北，应魏博节度使何弘敬之请到魏博府所在地贵乡县城，住在观音寺的江西禅院。义玄在此住了约三年，直到去世。存奖一直守候在义玄的身边，并参与义玄的葬礼。

乾符二年（875）幽州节度押两蕃副使董廓及幽州律僧惟信、涿州石经寺监寺弘屿等人邀请存奖北归盘山传法。存奖虽表示同意，但受到魏博镇韩氏家族的挽留。《奖公塔碑》载："先时，中丞韩公之叔曰赟中，遽闻告去，抚掌大惊。乃曰：南北两地，有何异也。魏人何薄，燕人何厚？如来之教，岂如是耶！和尚辞不获已，许立精舍。韩公之叔常侍及诸檀信，鸠集财货，卜得胜概，在于南砖门外，通衢之左，成是院也。"参考《旧唐书》卷一八一、《新唐书》卷二一〇的韩允中、韩简传，碑中所说的"中丞韩公"当是韩简。咸通十一年（870）何弘敬之子何全皞被部下所杀，韩允中出任魏博节度使，兼御史中丞，死于乾符元年（874），其子韩简继之。其叔韩赞中"常侍"，详情不明。这段碑文是说，存奖不得已继续留在魏博，魏博节度使韩简之叔韩赞中出面结集信众为他建造新的寺院。

临济弟子效仿其师，在禅法问答中常以喝声表示自己的悟境。义玄在世时已经注意到此事，劝他们不要动辄用喝。明本《临济录》记载："师（按，义玄）应机多用喝。会下参徒亦学师喝。师曰：汝等总学我喝。我今问汝：有一人从东堂出，一人从西堂出，两人齐喝一声。这里分得宾主么？汝且怎么生分？若分不得，已后不得学老僧喝。"到底如何，没有下文。临济门下在义玄死后仍动辄用喝。存奖在魏府兴化寺一日对僧众说："我只闻长廊也喝，后架里也喝。诸子，汝莫盲喝乱喝，直饶喝得兴化向半天里住，却扑下来气欲绝，待兴化苏息过来，向汝道未在。何以故？我未曾向紫罗帐里撒真珠，与汝诸人，虚空里乱喝作什么？"⑲从这点可以看到禅宗内部已经滋长效颦模仿和形式主义禅风。

一日，存奖对克宾维那（维那，僧职，维持寺院戒规、风纪）说："汝不久当为唱导之师。"克宾表示拒绝，说："不入这保社。"存奖问他："会了不入？不会不入？"克宾回答都不是。存奖便打他，并决定罚钱五贯，在僧堂供饭。第二日，他自己击槌向众僧宣布："克宾维那法战不胜，罚钱五贯，设饭一堂，不得吃饭，即时出院。"（《景德传灯录》卷十二《存奖传》）[20]克宾不愿意担当法会的唱导之师，存奖说他"法战不胜"，便施以重罚。这是出于什么缘故，不好断定，但从此事例至少可以向我们表明，在禅宗寺院有"罚钱""设饭"的做法。

《祖堂集》卷二十《兴化和尚传》载："同光帝（按，即后唐庄宗）问师：朕昨来河南，取得一个宝珠，无人著价。师云：请皇帝宝珠看。帝以两手拨开幞头角。师云：皇帝是万代之宝珠，谁敢著价？"《景德传灯录·存奖传》载："师后为后唐庄宗师。庄宗一日谓师曰：朕收大得一颗无价明珠，未有人酬价。师曰：请陛下珠看。帝以手舒开幞头脚。师曰：君王之宝，谁敢酬价？"[21]此后的禅宗史书也有类似说法。此皆不可信。据公乘亿《奖公塔碑》，存奖死于唐僖宗文德元年（888）七月，年五十九。据《旧五代史·唐书·庄宗纪》，后唐庄宗李存勖是在唐天佑五年（908）即位，天佑十二年（915）占领魏博，八年后即称帝，改元同光，夺取大梁（汴城，今河南开封）。可见，存奖与后唐庄宗没有直接发生关系。也许这里所称的"师"是继住兴化寺的另一位和尚，也称兴化和尚，而后人把他与存奖混为一人。

存奖的弟子有汝州宝应和尚，即南院慧颙禅师。

存奖的法系

临济宗是通过存奖这一支而流传繁衍后世的，即：临济义玄——兴化存奖——南院慧颙——风穴延沼——首山省念，此后特别经过汾阳善昭而门流繁盛，兴隆于天下。这里对这一支仅做概述。

汝州（治所在今河南临汝）南院慧颙，也称宝应和尚，河北人。宝应是寺名。在《景德传灯录》卷十二有他的传，但只载语录，行迹不详，大概活动在五代时期。《古尊宿语录》卷七载有《汝州南院禅师语要》。他一日上堂说："赤肉团上，壁立千仞。"有僧问："赤肉团上，壁立千仞，岂不是和尚语？"他说："是。"此僧便把他的禅床推翻。他喊道："你看这瞎汉乱做！"便打，赶他出院。慧颙大概想暗示弟子，每人心中（赤肉团上）自有山河大地，大千世界。此僧怪他用语言表述，便用禅宗特有的方式掀倒禅床，表示异议。但他对此不认可，便把他驱逐出寺院。慧颙的禅语，多含糊不明，经常对参禅者之问不做正面答复，问东答西，或以不相干的话语把问话岔开。如有人问："如何是佛？"他答："如何不是佛？"问："惜宗风，护三乘，如何是道？"他竟答："更梦见什么？"有人问："如何是和尚家风？"答："秋收冬藏。"问："如何是宝应正主？"答："杓大碗小。"有人问："如何是祖师西来意？"答："五男二女。"……有时也做相反的回答，如有僧问："如何是佛法大意？"他答："无量大病源。"（以上见《古尊宿语录》卷七）竟把佛教奉为医治世间烦恼的佛法说成是病源。

慧颙的弟子风穴延沼（896~973）最有名。延沼，真名应为匡沼，宋时因避太祖赵匡胤之讳而被改为延沼。㉒余杭出生，从开元寺智恭律师出家，习《法华玄义》，修天台止观，后游名山访师，在襄州华严寺结识南院慧颙的弟子守廓，对临济宗的"三玄旨要"产生浓厚兴趣，听从守廓的建议到汝州南院投奔慧颙禅师，受到慧颙的器重，此后在慧颙门下六年。后唐长兴二年

（931）至汝水之滨的风穴寺居住，传授临济禅法。后晋天福二年，"郡守（按，汝州刺史）陇西李公与僚佐及诸寺高僧、城隍士庶，请开法席，为演真宗"（《风穴七祖千峰白云禅院记》）[23]。延沼应请前往说法。后因战乱，州刺史李氏移治郢州，延沼又前往依止。大约在后汉初，有"汝州宋太师者，施第为宝坊，号新寺"（《佛祖历代通载》卷十八）[24]，迎请延沼入住。这位宋太师就是历仕后唐、后晋、后汉、后周四朝的宋彦筠，后晋时曾任汝州防御使，官至太尉，在后汉初及后周都曾以太子太师致仕。（《旧五代史》卷一二三《宋彦筠传》）延沼此后更加出名，前来皈依受法者很多。延沼的禅法语录载《景德传灯录》卷十三、《古尊宿语录》卷七。他传法时很少做正面阐述，并且常用诗偈。延沼于北宋开宝六年（973）去世，年七十八。

延沼的弟子中以省念（926~993）最有名。首念，莱州（治所在今山东莱州）人，俗姓耿。出家后曾修"头陀行"（佛教的一种苦行），经常念诵《法华经》，被人称为"念法华"。省念投入延沼门下之初，曾怀疑"教外有别传之法"（《佛祖历代通载》卷十八）[25]，后经延沼启发，领悟临济宗旨，先后住持汝州首山禅院、宝安山广教禅院、宝应禅院。语录存《景德传灯录》卷十三和《古尊宿语录》卷八。他常对弟子说："佛法无多子（按，意为佛法没有什么特别之处），只是你诸人自信不及。若也自信得去，千圣出头来你面前，亦无下口处。何故？只为你自信得及，不向外驰求，所以奈何不得。直饶释迦老子到这里，也与三十棒。然则如此初心后学，凭个什么道理？且问你诸人，还得恁么也未？"自言："若得恁么，直须恁么。"（《古尊宿语录》卷八）

要求弟子相信自己,自己达到觉悟,不要四处求佛求法,这仍是当年义玄的宗旨。与其师一样,传法当中也爱用对偶诗偈语句。

省念门下出了汾阳善昭(947~1024),弟子慈明楚圆(986~1040)的门下出了黄龙慧南、杨岐方会,从他们二人门下分出二支,即黄龙宗和杨岐宗。此后临济宗门流更加隆盛,传播于大江南北的广大地区。

四、《临济录》的版本和结构

临济义玄生前已经出名,投到他的门下为弟子和参禅者日多。义玄虽多次告诫弟子,不要把他的话奉为圭臬,视为金科玉律,说:"你取山僧口里语,不如休歇无事去。"又说:"道流,莫取山僧说处。何故?说无凭据,一期间图画虚空,如彩画像等喻。"他还对当时禅宗界常见的"大策子上抄死老汉语,三重五重复子里,不教人见,道是玄旨,以为保重"的现象提出批评。(以上皆见《临济录》)然而嘱咐归嘱咐,批评归批评,弟子中仍有人把他上堂宣讲禅法的话和他平时应参禅者的质询所做的答话,做了记录乃至整理,目的主要是为了随时参阅。这些禅话和所谓"机缘语句",随着禅僧的四处行脚游方,逐渐传播到各地丛林。

《临济录·行录》后面的义玄小传说:"其机缘语句,载于行录。"成书于五代南唐的《祖堂集》卷十九《临济和尚传》载录不少语句古朴的义玄的语录,最后说:"自余应机对答,广彰别录矣。"宋初成书的《宋高僧传》卷十二《义玄传》也说义玄的"言教颇行于世"。现存源自北宋本和南宋本的《景德传灯录》所载义玄的语录也有某些差别。这说明这样两个事实：一、义玄的语录在禅林相当流行；二、流行的语录不止一种。

现存的《临济录》有两种：一种是编于宋初而在明代重刻的《四家语录》卷六所收本；一种是通常被称为《临济录》的本子，是北宋宣和二年（1120）由福州鼓山禅僧宗演重编刻印（重开）的本子。两者在内容上虽基本相同，但后者不仅改变了编排次序，而且在篇幅上也有所增加。

（一）《四家语录》本《临济录》

现存《四家语录》是明代万历三十五年（1607）重新编印的，由《江西马祖道一禅师语录》、《洪州百丈山大智（怀海）禅师语录》、《筠州黄檗山断际（希运）禅师语录》（《传心法要》和《宛陵录》）和《镇州临济慧照（义玄）禅师语录》四家语录组成，基本仍保留了宋代的原型。宋道原所编《景德传灯录》成书于景德元年（1004），李遵勖所编《天圣广灯录》于景祐三年（1036）完成进献朝廷。《四家语录》当成书于此两者之间。书前有元丰八年（1085）朝散郎尚书主客员外郎杨杰写的序文，说："古人虽往，公案尚存。积翠老南，从头点捡，字字审的，句句不差。诸方丛林，传为宗要。"其中的"积翠老南"是指宋代临济宗黄龙派创始人黄龙慧南（1002～1069），据宋惠洪《禅林僧宝传》卷二十二《黄龙南禅师传》，慧南曾"住黄檗，结庵于溪上，名曰积翠"。可见此书的编撰与宋代临济宗黄龙派的创始人黄龙慧南有某种关系。

《四家语录》本所收的《临济录》与《天圣广灯录》卷十、

卷十一所收的《临济录》内容和形式是一致的,说明二者是取自同一种《临济录》的本子。

《四家语录》本的《临济录》,形式古朴,大概比较接近早期临济语录的原型。开头记述义玄参问黄檗希运禅师,"三度发问,三度被打",最后经希运指点去参访大愚,达到觉悟,以及义玄在黄檗山期间与希运之间的言谈、义玄与其他禅僧的交往和对话,其次是"示众"说法部分,最后部分记述义玄行脚参访的经历。全书中心是"示众"部分,即义玄上堂向门下弟子、参禅者宣述禅法的语录以及应僧众的质询而做出的回答,篇幅最长。与后来禅林流行的徒具形式而没有实质内容的"示众"相比,临济义玄的"示众"还能从正面阐述关于解脱和修行的道理。义玄在"示众"过程中向门下僧众讲述什么是"真正见解",何为"心法",何为"真佛、真法、真道"以及提出"四料拣""四宾主"等。

《四家语录》本的《临济录》所编形式基本反映了唐末五代以来禅宗寺院传授禅法的真实情况,而在宋代禅宗盛行之后,禅宗传法形式逐渐流于程式化。这种情况也反映到禅宗语录的编纂方面。从北宋末年宗演重刻的《临济录》就可了解到这一点。

(二) 宗演重刻《临济录》及属于此本系统的覆刻本

北宋宣和二年(1120),福州鼓山的云门宗禅僧重演按照当时禅宗通行的语录形式,对《四家语录》本《临济录》重加编排和刻印,后题"住福州鼓山圆觉苾刍宗演重开"。所谓"重开"

者,意为重开雕刻印。此本简称重演重刻本或宗演本。

宗演原刻本早已不存,但现存最通用的《临济录》属于此本系统。它的特点是:依照宋代禅宗语录的格式,在开头编排义玄"上堂"说法的语录,把原来置于义玄生平传略中的"王常侍请升座"的部分置于语录的最前边,然后编排"示众"说法的中心部分,最后增设两部分:一是把义玄与禅僧之间的禅法答问,编为"勘辨";一是将义玄生平传略和行脚游方部分,编为"行录"。在"行录"的最后编有义玄的略传,明代《临济录》称之为《临济慧照禅师塔记》。

后世属于宗演重刻本的《临济录》系统的覆刻本有多种,参考日本学者的研究论文[26],下面做概要介绍。

(1) 南宋嘉熙二年(1238)刊行的《续开古尊宿语要》收有宗演本《临济录》。日本大东急纪念文库和宫内厅书陵部藏有此本《临济录》。前者所藏本的卷首六叶为补写。据说此本在"续开古尊宿语要天集"的标题下有"镇州临济慧照禅师语嗣黄檗"一行,第三行进入正文,但无"住镇州三圣嗣法小师慧然集"的一行,当是按照丛书的体例删去了。

(2) 南宋咸淳三年(1267)觉心居士重刻福州鼓山的《古尊宿语要》所附录的宗演本《临济录》。日本御茶之水图书馆所藏《古尊宿语录》第二册所载录的《临济录》为此本的覆刻本。此书原为日本成篑堂文库所藏,是善本,保留了北宋宣和年间宗演本的原型。日本静嘉堂文库收藏有元应二年(1320)比丘妙秀开版刻印的《临济录》,也属于此本系统。

(3) 元代临济宗雪堂普仁在余杭寻获宗演本《临济录》,在大德二年（1298）覆刻。卷首在马防的序文前，刊载重刻时请元朝大都报恩禅寺住持林泉老人从伦、前监察御史郭天锡、开泰退堂五峰普秀分别写的三篇序文。此本中国久佚，现存日本永享九年（1437）法性寺东经所的覆刻本。日本《大正藏》第四十七卷所载《镇州临济慧照禅师语录》即以此本为底本，校之以增上寺报恩藏的明本《古尊宿语录》所收本（明本）、宫内厅图书寮藏本（宫本）、大谷大学所藏庆安二年（1649）刊本（甲本）、延德三年（1491）刊本（乙本）。元版本《临济录》及其覆刻本除增加前面三篇序文外，其他皆同宗演本。

（4）明代将宋代赜藏主（僧挺守赜）所编的《古尊宿语录》重编刻印入藏，此书卷四、卷五所载的《临济录》绝大部分与宗演本相同，仅在后面增加六段文字，其中著名的有临济"四照用"。明藏本《古尊宿语录》，现有萧萐父、吕有祥的校刊本，中华书局1995年出版。

此外顺便介绍，明代还有径山沙门语风圆信、无地地主人郭凝之编集《五家语录》卷一所载录的《临济录》，在内容编排上有较大的变动，将相当于宗演本的"行录"和"勘辨"部分重编置于前边，在所增加的内容中有义玄"入京行化"的一段；此后是载录义玄"上堂示众"说法的部分，与宗演本同；最后记述义玄临终嘱咐。此本影响较小。

在宗演本《临济录》系统的覆印本中，元代刻本前面的三篇序文本身即具有珍贵的史料价值。本书所收载的《临济录》即以《大正藏》本所载元刻本为底本，参照此本页下原有的校注以及明藏本《四家语录》本、明代《古尊宿语录》本，并参考日本柳田圣山校本、入矢义高译注本、秋月龙珉校译本重新校勘、标点和分段。

五、临济禅法述评

在唐末五代先后成立的禅宗五派中,只有临济宗在历代最为盛行,流传范围也最广。出现这种情况虽有多方面的原因,但其中一个重要原因是与临济宗创立者义玄的禅法思想有密切的关系。

那么,义玄主张怎样的禅法思想呢?他的禅法思想有些什么特色呢?概略地说,义玄要求弟子和信徒首先必须建立对佛法、解脱和修行的"真正见解";确立"自信",相信自己"本心"与佛、祖无别,无需向外求佛求祖,寻求解脱成佛;主张修行不离日常生活,"只是平常无事",说"平常心是道","随处作主,立处皆真"。从这一立场出发,他对于传统佛教对佛、菩萨和佛法、具有特定程式的修行所抱有的迷信与执著态度,提出尖锐的批评。

下面引证《临济录》和有关资料对此加以说明。

(一) 要求学佛法者必须确立"真正见解"

早期禅宗的祖师虽也经常用手势、动作乃至棒喝来向弟子做启示,传递某种信息,但也重视正面说法引导。例如,慧能在韶州大梵寺升高座向僧俗信徒说法(见《六祖坛经》),神会在南阳龙兴寺登坛说法(见《南阳和上顿教解脱禅门直了性坛语》),马祖向弟子说法(见《马祖语录》)……禅师或在特定的日子,如每月初一（旦）、十五日（望），或者在夏安居的开始（结制，四月十五日）、夏安居的结束（解制，七月十五日）、冬至、除夕以及各种纪念性节日上法堂登坛（高座）说法；或是应尊贵施主的请求上堂说法，并回答参禅者的质询，此称"上堂"，在有的场合也称"升座"。禅师也经常不定期地，随时随地根据实际情况向僧众说法，回答学人的提问，此为"小参"。若在早晨、晚上进行，则称之为"早参""晚参"。禅师向门下僧众说法，皆称"示众"。在禅师说法中，称门下听法的弟子和参禅者为"大众"，或"诸兄弟""诸人""学人""参学人""和尚子"等，义玄常称之为"道流""参学道流"，有时也称为"大德"。

  临济义玄虽以"喝"著称，但也十分重视对弟子示众说法。《临济录》的主体的部分就是临济"示众"说法的语录，在前后不同版本的《临济录》当中都基本完整地保留着它的原型。从这部分记述可以清楚地看到，义玄在教诲徒众时一再要求他们建立"真正见解"，要他们确立对达到觉悟解脱的信心，不受别人和外在事物的影响和迷惑。让我们引几段《临济录》中的原话：

    今时学佛法者，且要求真正见解。若得真正见解，生死不染，去住自由，不要求殊胜，殊胜自至。

    道流，切要求取真正见解，向天下横行，免被这一般精魅惑乱。

    夫出家者，须辨得平常真正见解，辨佛辨魔，辨真辨伪，辨凡辨圣。若如是辨得，名真出家。

若是真正学道人，不求世间过，切急要求真正见解。若达真正见解圆明，方始了毕。

大德，莫错。我且不取你解经论，我亦不取你国王大臣，我亦不取你辩似悬河，我亦不取你聪明智慧，唯要你真正见解。（以下凡引《临济录》，一般不再注明）

所谓"真正见解"，自然是在整体上对佛法建立正确的见解。这不外乎是对于世间与出世间，烦恼与菩提，修行与解脱，众生与佛、菩萨，空与有，色与心等问题形成与禅宗宗旨相一致的见解。然而实际上，义玄所说的"真正见解"，不过是能够得到他本人认可的观点。义玄向弟子们表示，他不要求他们懂得多少经论，也不问他们地位的高低，也不看重他们是否聪明，是否能言善辩，而只是要求他们具有"真正的见解"。为什么必须具有真正的见解呢？一、只有真正的见解，才能使人确立对达到觉悟解脱的信心，明确自己行为的准则，虽处在世俗的生活环境，却不受其制约和影响，做到"去住自由"；二、具有真正的见解，可以做到不受别人、别的学说的吸引和迷惑。

那么，什么是真正的见解呢？义玄虽没有集中地论述，但综观他前前后后所讲的话，主要有两点：一是依据大乘佛教的佛性学说，宣述佛在自身自心，不必外求，甚至形象地称自身所具有的佛（佛性、心）是"无位真人"；二是依据大乘佛教般若学说，认为从本质上看,世界上的一切事物和现象皆空无自性,不仅不应执著外在的事物(色法),连自己的自性及感觉认识(心法)也不应执著。他要求据此两点,确立自己正确的修行、传法和处世的原则。这就是所谓临济家风和临济门庭。

(二) 独特的佛在自身论——心中三身佛、"无位真人"和"无依道人"

禅宗,无论是北宗还是南宗,都把大乘佛教的佛性学说作为自己禅法的重要理论基础。以《大涅槃经》、《胜鬘经》等为代表的论述佛性的经典主张一切众生皆有佛性(或称"如来藏"),皆可成佛。禅宗虽标榜"教外别传",但历代著名禅师讲得最多的恐怕就是这些经典中所论证的佛性问题。然而北宗、南宗和各位禅师在如何解释和称呼佛性上,在说明为什么佛性是众生觉悟解脱的根据上,在论述佛性与所谓"诸法性空"的关系上……是各有差别,各有千秋的。由此差别,形成北宗、南宗和各个禅师禅法的不同特色,不同风格。

禅僧宣说佛法,尽力回避用规范的明确的语言概念来表述自己的思想。因此,我们阅读他们的禅法语录时,只能从他们表述的意向、大意来捕捉他们的真实的想法和主张。读过《临济录》的人可能会发现,义玄很少用"佛性"这个字眼,只是在语录的开头有"恐滞常侍与诸官员,昧他佛性",而更多的是从不同方面用"心"来表示,或形象地称为"无位真人"、"无依道人"、无形无相的"目前听法底人"等。

《六祖坛经》记载,当年慧能通过向信徒授"无相戒"的仪式,让他们归依自身的"清净法身佛""千百亿化身佛""当身圆满报身佛",说:"向者三身,自在法性,世人尽有,为迷不见。外觅三身如来,不见自色身中三身佛。善知识,听与善知识说,令善知识于自色身见自法性有三身佛。此三身佛,从自性上生。"(敦煌本《六祖坛经》)大乘佛教所说"法性""佛性"与"法身"同义,被认为是无形无相、无时不在、无所不在的佛(佛法真理的人格化),而分散于无数佛国净土中的报身佛和在人世间的化身佛,是其不同的显现形态。既然人人自身具有法性或佛性,也就意味着具有佛的三身。因此求佛不必外求,只要领悟自性,"见自性自净,自修自作自性法身,自行佛行,自作自成佛道"。慧能向人们强调:"佛是自性作,莫向身外求。"(敦煌本《六祖坛经》)

义玄在"示众"说法中也讲述了与此相似的思想。他说:

> 你要与祖佛不别,但莫外求。你一念心上清净光,是你屋里法身佛;你一念心上无分别光,是你屋里报身佛;你一念心上无差别光,是你屋里化身佛。此三种身,是你即今目前听法底人。只为不向外驰求,有此功用。

这里所说的"祖",虽有时指禅宗所传历代祖师,但一般特指菩提达摩。"屋里"是指身。所谓"一念心上清净光""无分别光""无差别光",可以看作是对所谓佛性特征的形象比喻。佛性被看作是心的本体、本质的方面,具有无生无灭、清净无为和超言绝象的性质。义玄用自心三光来说明人人具有佛的三身,本来与佛没有差别。因此,为达到觉悟解脱,不应向外追求,而应内探心源,领悟自性。如果能够停止向外的追求,便可发现佛的三身不过就是你的自身。"目前听法底(的)人",下面还要解释,是指听法僧众的精神(灵魂)。

义玄还说过:"佛者,心清净光明,透彻法界,得名为佛。"又说:"佛者,心清净是;法者,心光明是;道者,处处无碍光是。"虽说法有异,但同样表达了人人心中有佛这种基本主张。另外也表示,所谓佛、法、道没有根本差别,它们皆属"心法",皆空寂无相,所以说:"真佛无形,真道无体,真法无相。三法混融,和合一处。"义玄认为,一般的人对此是不能分辨,不能认识的。

禅宗历代祖师都讲佛在自心,但说法不完全相同。义玄对此有更形象的说法。他把自心所具有的佛(即佛性)称之为"无位真人"、"无形无相"的"听法底人"、"无依道人"。让我们分别来加以考察:

1. 无位真人

《临济录》上有这样一段记载:

上堂云:赤肉团上有一位无位真人,常从汝等诸人面门出入,未证据者看看。

时有僧出问:如何是无位真人?

师下禅床把住云:道,道!

"赤肉团",《祖堂集·临济传》作"五阴身田",宋版《景德传灯录·临济传》作"肉团心",是指人的肉体,也可能只是指人的心脏。义玄是说,每人自身之内,都有一个能够从面部自由出入的"无位真人"。当有僧要深入询问什么是无位真人时,义玄却回避回答,用"无位真人是什么干屎橛"的反诘语来搪塞过去。

那么,人身体内有什么东西被认为是依附于肉体或心(实际应是大脑及躯体的神经系统),并且可自由出入身体呢?古人认为人的意识、精神寄托于肉体,依附于心脏,所以把意识、精神也称之为"心"。义玄所说的"无位真人"也就是人的精神,包括人的意识、感觉和一切精神作用。他说:"道流,心法无形,通贯十方,在眼曰见,在耳曰闻,在鼻嗅香,在口谈论,在手执捉,在足运奔。本是一精明,分为六和合。"这实际也就是马祖讲的"平常心"。义玄本人也确实引用过"平常心是道"。看来他是反对严格地把"心"分为"真心"和"妄心",而是侧重于从"不二"与和合的角度来谈"心"。此"心"虽也包括意识和一切感觉、精神作用,但它们作为一个整体——"精明",是生命的体现,与人的肉体密不可分。古人也称之为"神明",是"心灵"、"灵魂"的不同说法。然而应当指出,在义玄那里,实际是着重向人们表示,这位"无位真人"就是人人生来具有的与日常精神活动密不可分的自性,也就是"佛性"。既然对佛性不能用语言文字加以表述,那么,对于僧人质询就只能避而不答了。

2. "无形无相"的"听法底人"和"无依道人"

义玄经常在说法当中向徒众说,在你们每人面前那位无形无相的能够理解佛法的"听法底人",就是佛,就是祖。那么这位"听法底人"是什么呢?稍加对比就可以发现,此不过是"无位真人"的另一种说法,亦即是佛性、自性。义玄说过这样一段虽然不很明确,但含义十分清楚的话:

> 大德,你且识取弄光影底人是诸佛之本源,一切处是道流归舍处。是你四大色身,不解说法听法;脾胃肝胆,不解说法听法;虚空,不解说法听法。是什么解说法听法?是你目前历历底勿一个形段孤明,是这个解说法听法。

所谓诸佛的"本源"是"弄光影底人",自然是大乘佛性论所说的人人先天所有的清净本性——佛性。它与无所不在的法身一体不二,是一切佛教修行者所追求的最后归宿——成佛,回归法身的依据。人的肉体及脾、胃、肝、胆等内脏,是由地、水、火、风"四大"组成的,既不懂说法,也不理解所说的法。虚空,包括外在的空间和身体内的空隙,也不懂说法,不理解所说的法。只有寄托于身体,没有具体形象的"听法者",这个"弄光影底人",独自清清楚楚地懂得说法听法。很明显,义玄把人的精神,特别是人的思维功能与作用,说成是所谓"弄光影底人"和"孤明"的听法者了。

关于所谓"勿一个形段孤明"听法者的称法,《临济录》中多次提到,让我们引证加以比较:

道流，即今目前孤明历历地听者，此人处处不滞，通贯十方，三界自在，入一切境差别，不能回换，一刹那间透入法界，逢佛说佛，逢祖说祖，逢罗汉说罗汉，逢饿鬼说饿鬼，向一切处游履国土，教化众生，未曾离一念。随处清净，光透十方，万法一如。

大德，觅什么物？现今目前听法无依道人历历地分明，未曾欠少。你若欲得与祖佛不别，但如是见，不用疑误。你心心不异，名之活祖。心若有异，则性相别；心不异故，即性相不别。

道流，实情大难。佛法幽玄，解得可可地。山僧竟日与他说破，学者总不在意。千遍万遍脚底踏过，黑没俊地，无一个形段，历历孤明。学人信不及，便向名句上生解。

且名句不自名句，还是你目前昭昭灵灵鉴觉闻知照烛底，安一切名句。

你若欲得生死去住脱著自由，即今识取听法底人，无形无相，无根无本，无住处，活泼泼地。应是万种施设用处，只是无处。所以觅著转远，求之转乖，号之为秘密。

道流，你只今听法者，不是你四大，能用你四大。若能如是见得，便乃去住自由。

唯有道流目前现今听法底人，入火不烧，入水不溺，入三涂地狱，如游园观；入饿鬼畜生而不受报。缘何如此？无嫌底法。

义玄在以上引文中从不同方面对所谓"目前听法人"做了描述。这里想指出以下几点：

（1）所谓"今目前孤明历历地听法者""现今目前听法无依道人历历地分明""无一个形段，历历孤明""你目前昭昭灵灵鉴觉闻知照烛底""听法底人，无形无相，无根无本，无住处，活泼泼地"，都是指与门下僧众同时相俱听法，而他们自己感觉不到和看不见的"听法底人"。这到底指的是什么呢？只能理解是与他们肉体同时存在的精神（心灵、灵魂）。据义玄的描绘，它无形无相（也作"勿一个形段"，"无一个形段"），却独自对一切事物"历历地分明"（或作"历历地……孤明"，"孤明历历地"，"历历孤明"，"昭昭灵灵鉴觉闻知照烛底"）。

（2）这一听法者可以自由地出入十方、三界的任何地方，可以适应不同情况向包括佛、祖、罗汉和饿鬼在内的一切众生说法，实施教化；水火不能害，也没有轮回于地狱、饿鬼、畜生的报应。在这里又赋予"听法者"以"法身"佛的特性。按照大乘佛教的说法，法身佛可以应机显化，以各种身份、形象向一切世界的众生说法。

(3)"目前听法者"虽非"四大"肉体之身,没有形象,没有固定处所,却能驱使肉体之身。这是从精神支配人的行为的朴素的认识推论出来的。

(4)"目前听法者"在性质上属于"无嫌底(的)法"。"无嫌",无嫌弃,这里也包括其反面的无贪爱。"无嫌底法",大概相当于佛教所说的"无为法""无漏法",是与"有为法""有漏法"相对的没有爱憎,没有取舍和没有生灭的事物。这里是将"听法者"作为与真如、法身等同的事物看待的。

在义玄说法过程中,也把"目前听法底人"称之为"无依道人",或连称"目前听法无依道人"(见前面所引)。"无依",是无所依属,无所制约,好像当年庞居士所说的"不与万法为侣者"(《景德传灯录》卷八《庞居士传》)㉗,是指"真如""法身"一类属于真谛范畴的东西。义玄在称"目前听法底人"时常加上"孤明"二字,其中的"孤"字也就是"无依"的意思,好像道家称"道"为"一"那样,强调它的超越万有的至上地位。义玄说:

> 唯有无依道人是诸佛之母,所以佛从无依生。

> 却见乘境底人,是诸佛之玄旨。佛境不能自称我是佛境,还是这个无依道人乘境出来。

据第一段话,"无依道人"既然是"诸佛之母",它就是"真如""佛性"或是"法身"的人格化。据第二段话,无依道人虽是"诸佛之玄旨",但可乘境出来为"佛境"规定名称,好像前边引过的"且名句不自名句,还是你目前昭昭灵灵鉴觉闻知照烛底,安一切名句",又是指人的意识、精神。因为人们是可以通过精神的思虑功能,支配身体的有关器官为事物起名,并可借助语言文字对事物加以表述。

综上所述,义玄为了让人们建立对于达到觉悟解脱的信心,也强调佛在自身,但他不是一般地讲人人生来具有佛性、"即心是佛"的道理,而是借助形象化的语言告诉人们:人人自身本来是佛,与佛没有差别。然而又一再申明:这个自身不是自己的肉体,而是时刻不离眼前自己的精神、灵魂。他或者说"佛者,心清净是",佛之三身是"你心上清净光"等,或者称之为可从面门自由出入的"无为真人"、不离左右的"听法底人"、"无依道人"。应当指出,"真人"和"道人"本来是道家、道教的用来称呼得道者的用语,例如东汉时期的《太平经》说:"第一神人,第二真人,第三仙人,第四道人,皆象天得真道意。"皆可长生不老[28]。义玄为了便于听众理解,用此用语来称呼佛性、法身。尽管义玄在向僧众说法的表述中用语不规范,前后有些不一致的地方,但在表达人人与"佛祖不别"这一点上是十分明确的。这是大乘佛教的佛性论在义玄那里的变种,也可以说是义玄的独特的佛在自身论。

(三)"心外无法,内亦不可得"——临济禅法中"空"的思想

源自《般若经》中的"空"的思想是禅宗的重要理论基础。

义玄在向门下传授禅法的过程中也反复讲"空",引导徒众以"空"的思想来破除对社会、人生和修行生活中的一切事物的执著,断除心中的好恶、取舍等观念或意向,以达到精神自由的境界。义玄不是一般地谈空,而是在讲佛在人们自身的同时,结合禅僧在修行中经常遇到的问题来论述空的思想的。

1. **空与心清净**

义玄讲禅法,也把所谓"心法"置于中心的地位。"心""本心"既是解脱的内在依据,也是世界上一切物质现象和精神现象的本体、本源。从心是解脱的内在依据来说,实际是讲佛在自心,所谓"心上清净光"等,以及"无位真人"、无形无相的"听法人"、"无依道人"等,都是从"心"的清净的方面来讲的。这一方面相当于《大乘起信论》中所讲的"心真如门"。然而从反面来讲,"心"也同时是烦恼的本源,是招致轮回生死的根本原因。这一方面大致相当于《大乘起信论》中所说的"心生灭门"或"生灭心"。义玄说:

> 你一心疑处是魔;你若达得万法无生,心如幻化,更无一尘一法,处处清净是佛。然佛与魔是染净二境。约山僧见处,无佛无众生,无古无今,得者便得,不历时节。

> 夫出家者,须辨得平常真正见解,辨佛辨魔,辨真辨伪,辨凡辨圣……今有一个佛魔,同体不分,如水乳合,鹅王吃乳。如明眼道流,魔佛俱打。汝若爱圣憎凡,生死

海里浮沉。

后一段的"鹅王吃乳"出自《正法念处经》卷六十四，原文："譬如水乳同置一器，鹅王饮之，但饮乳汁，其水犹存。"㉙比喻善于辨别真伪、善恶等。义玄虽要求弟子善于辨别佛魔、真伪、凡圣，但又反对他们对此产生爱憎之心。在义玄那里，心的"清净光""无分别光""无差别光"，反映的是"真如"之心的性质，而所谓"心疑""爱圣憎凡"等，正是"生灭"之心的作用，由此将招致种种烦恼相继而生，从而被业果相牵在"生死海里浮沉"。前者与"空"相应，后者与"有"相应。如果要使得生灭之心休歇使真如之心显现，必须体悟"万法无生，心如幻化，更无一尘一法"。义玄教导弟子"歇得念念驰求心"，"求心歇处"，首先要他们体认一切皆空的思想。

2. 一切诸法，但有空名

义玄为了使徒众领悟一切皆空的道理，自然要从心是一切物质现象和精神现象的本体、本源的方面来加以解释，然而他不是一般地谈世界万有之空，而是把落脚点放在破除徒众对传统佛法的修行方法和佛、菩萨的迷信和执著上面。他说：

> 心生种种法生，心灭种种法灭。（按，此引《大乘起信论》）一心不生，万法无咎。世与出世，无佛无法，亦不现前，亦不曾失。设有者，皆是名言章句，接引小儿，施设药病，表显名句。

是说既然一切世间法、出世间法皆由心而生，那么它们就是空寂无实的，如果自心达到与"空"相应的认识，就不会受到所谓外物的制约、影响。现有的传统佛法，也只是为了方便接引迷途的众生的权宜施设。义玄在其他场合，也用"世、出世诸法，皆无自性，亦无生性，但有空名，名字亦空"，以及"诸法空相"，"唯见空名"等字眼来表述世界万有皆空，一切佛、菩萨及所谓佛国、净土，各种佛法、教说，也是空的，是不可执著的。结论是：

心外无法，内亦不可得，求什么物？

向外无法，内亦不可得。

按照义玄的逻辑，如果不体认世界万有本空，就会产生对外物的贪爱、追求、喜怒、是非等世俗欲望和分辨认识的活动，招致烦恼丛生，不得解脱。

为此，义玄提出"四无相境"的说法，向人们说明"四大"本空的道理。

问："如何是四种无相境？"

师云："你一念心疑，被地来碍；你一念心爱，被水来溺；你一念心嗔，被火来烧；你一念心喜，被风来飘。若能如是辨得，不被境转，处处用境。东涌西没，南涌北没,中涌边没,边涌中没,履水如地,履地如水。缘何如此?为达四大如梦如幻故。

这只是一个比方。按照佛教的说法,地、水、火、风"四大"及其所造是"色",大地山河,周围环境,乃至人的身体,皆为"四大"构成。义玄是说,如果不认识"四大"皆空,周围一切环境、现象是空幻无实的,而是有这样或那样的执著,有疑惑、贪爱、嗔恚、喜乐等世俗感情和意向,就会被"四大"、外物摆布,不得解脱。相反,如果认识"四大如梦如幻",就"不被境转,处处用境",在精神上达到绝对自由,实际是达到佛的境界。

传统佛教说佛有"六通"——神足通(能随意到达任何场所)、天眼通(能看到一切大小事物)、天耳通(能听到一切大小声音)、他心通(能知道别人心中任何想法)、宿命通(能知晓自己和他人过去世的情况)、漏尽通(能断除一切烦恼,不再流转于生死)。义玄对此并不正面否认,却运用空的思想加以新的解释。他说,"一切诸天、神仙、阿修罗、十力鬼",没有真正的神通,所具有的只能算是有局限的"业通、依通",而只有佛才拥有真正的六种神通:"入色界不被色惑,入声界不被声惑,入香界不被香惑,入味界不被味惑,入触界不被触惑,入法界不被法惑,所以达六种:色、声、香、味、触、法,皆是空相。不能系缚此无依道人。虽是五蕴漏质,便是地行神通。"是说佛即使在世间,出入一切境界,皆不被外界事物影响,是所向自由的。此也就是所谓"无依道人",本来没有离开人间的自性。如果人们能够体悟"四大""六尘"皆空，即使没有脱离凡体（五蕴——色受想行识，构成身体的五种要素），在精神上也具有了相当于佛的神通（"地行神通"）了。

中国古代有个哲学思辨方法就是先确定某物为世界的本体、本源，将它作为最高的哲学概念，然后建立取法于它的一系列修身、治国的行为准则。儒家的"天""天道"，道家的"道"，都具有这种意义。佛教以"真如""佛性"为准则确立自己的修行法则。当然，在佛教内部存在各种不同的学说和解释。天台宗的"性具"，三论宗的"八不中道"，华严宗的"性起"等，可以说都是各自依据自己对"真如""佛性"的性质的理解而提出的理论。禅宗南宗的"无念为宗，无相为体，无住为本"也是取法于真如、佛性而提出来的，认为真如、佛性具有"无念""无相""无住"这样根本的性质。义玄禅法中所谓"无位真人"、无形无相"听法人"、"无依道人"是佛性的人格化的说法。他也要门下弟子僧众取法于它们而确立自己对"空"的"真正见解"。他说：

你若欲得生死去住脱著自由，即今识取听法底人，无形无相，无根无本，无住处，活泼泼地。

道流，你只今听法者，不是你四大，能用你四大。若能如是见得，便乃去住自由。

既然在你面前的"祖、佛"——你自己的精神、心灵，所谓"听法者"（"无依道人"）是空寂无相的，不受"四大"外境制约,你就应当取法它而自觉地确立"空"观,断除一切执著,便可达到"自由"的境地。义玄在这里所说的"自由",实际是"解脱"的另一种说法。

3. 呵佛骂祖

以"空"扫相,便认为"四大"空,"六尘"空,心法色法皆空,一切形诸语言文字的佛法也空,最后必然扫到佛教所信奉的佛、菩萨的头上,得出佛、菩萨也空的结论。禅宗的呵佛骂祖,正是以般若"空"论为理论依据的。义玄以喝著称,在呵佛骂祖方面也是有名的。他曾自称:"大善知识始敢毁佛毁祖,是非天下,排斥三藏教,骂辱诸小儿,向逆顺中觅人。"他呵佛骂祖经常是与批评小乘、传统佛教结合一起的。让我们引他几段话,看看他是在什么场合、什么意义上呵佛骂祖的。

> 道流,取山僧见处,坐断报化佛头、十地满心,犹如客作儿。等妙二觉,担枷锁汉。罗汉、辟支,犹如厕秽。菩提、涅槃,如系驴橛。何以如此?只为道流不达三祇劫空,所以有此障碍。……古人云:若欲作业求佛,佛是生死大兆。

> 道流,莫将佛为究竟,我见犹如厕孔。菩萨、罗汉尽是枷锁,缚人底物。所以文殊仗剑杀于瞿昙,鸯掘持刀害于释氏。

大乘佛教对修行过程有不同的说法，最有影响的是以《璎珞本业经》、《华严经》为代表的菩萨阶位的说法，说菩萨要经过预备阶段的修行之后，进入"十地"（十个由低向高升进的阶位），经过无限时间（"三祇"，即"三阿僧祇劫"，意为无量的时间）的修行才能成佛（先为"等觉"，后为"妙觉"）。第二段引文中的"文殊仗剑"出于《大方等善住意天子所问经》（唐代收入《大宝积经》第三十六会），谓释迦为使菩萨弟子认识诸法空义，消除犯罪的自责，示意文殊做出仗剑要杀他的样子，然后释迦宣说："从本以来无我，无人，无有丈夫，但是内心见有我人。内心起时，彼已害我，即名为害。"从而使众菩萨认识到一切空寂如幻，无人无众生，"无父无母，无阿罗汉，无佛，无法，无僧"。"鸯掘持刀"出于《鸯掘摩经》，谓有个叫鸯掘摩（或鸯掘摩罗）的人凶暴杀人，以人的指骨做成指鬘，曾想加害于佛，但在听了佛的教诲后，竟皈依佛为弟子。③义玄引此是想说明一切皆空幻无实，佛亦如幻化的道理。从上面所引的两段话可以看出，义玄对于佛教的修行阶位，对被作为偶像崇拜的佛、菩萨是持否定态度的，不仅小乘的罗汉、缘觉（辟支）不在话下，就连大乘的菩萨、佛也在他的骂倒之列。他认为，既然一切皆空，修证菩萨阶位也就没有什么意义，即使修"十地"到头，达到等觉、妙觉的最高地位，也不能说已经达到究竟。因为修证"十地"，追求佛、菩萨的阶位的本身就表明他们仍有所追求，仍有所取舍，这样仍不能摆脱生死。义玄骂他们甘为奴仆，是戴枷锁汉，是厕所的孔，是厕所中的污秽物，并把他们追求的"菩提"（觉悟）和"涅槃"（解脱）称之为拴驴的木橛。

世、出世诸法，皆无自性，亦无生性，但有空名，名字亦空。你只么认他闲名为实，大错了也。设有，皆是依变之境。有个菩提依、涅槃依、解脱依、三身依、境智依、菩萨依、佛依。你向依变国土中觅什么物？乃至三乘十二分教皆是拭不净故纸。佛是幻化身，祖是老比丘。你还是娘生已否？你若求佛，即被佛魔摄；你若求祖，即被祖魔缚。

有一般秃比丘向学人道：佛是究竟，于三大阿僧祇劫修行果满，方始成道。道流，你若道佛是究竟，缘什么八十年后向拘尸罗城双林树间侧卧而死去？佛今何在？明知与我生死不别。你言三十二相、八十种好是佛，转轮圣王应是如来。明知是幻化。古人云：如来举身相，为顺世间情；恐人生断见，权且立虚名；假言三十二，八十也空声；有身非觉体，无相乃真形。

文中的"依"是依托、假借的意思，是事物产生的环境、条件；"依变之境"是指借助外在的条件而出现的现象、事物。"阿僧祇"意为无数，"劫"，意为极长的时间，"三大阿僧祇劫"是无限的时间。"三十二相"是传说中佛生来身体上具有的三十二种特殊的相貌特征；"八十种好"是从佛的细小长相特征讲的。"转轮圣王"是佛教传说的太平盛世的国王，据说也有"三十二相，八十种好"。义玄向僧众表示，不管是世间还是出世间的一切事物，皆空幻无实，既无自性，也无生性，只有空寂之名，连名字也不可执著。一切现象皆是依托环境或其他事物而产生的，是相对的存在。菩提、涅槃、解脱、佛的三身、境与智、菩萨、佛等，是依据某种义理或相对于某个事物而成立（显现、变现）的，皆属"依变之境"，皆是相对的假的存在。此外他也说过："又我共你入净妙国土中，著清净衣，说法身佛；又入无差别国土中，著无差别衣，说报身佛；又入解脱国土中，著光明衣，说化身佛。此三眼国土皆是依变。……古人云：身依义立，土据体论。法性身、法性土，明知是建立之法，依通国土。"是讲在不同意义上说法身佛、报身佛、化身佛，"三身"是依托不同的义理而才有不同的称呼的；佛国净土是按"佛体"来定的，都是相对的，是为了说法的方便而暂且提出来的。传统佛教认为释迦牟尼佛已经达到最高的觉悟境界，是圆满永恒的本尊。他对此提出批评，说释迦牟尼佛也没有达到永恒的"究竟"的地位，他最后死在印度拘尸罗城。可见佛也有生死，与众生没有根本差别。你若说佛有特殊的长相（三十二相，八十种好），那么传说中的"转轮圣王"应当是佛，他也有特殊的长相。既然一切皆空无实体，皆为幻化，就不应执意向外有所追求。义玄在这种意义上说传统的佛法（三乘十二分教）是擦屎的手纸，"佛是幻化身，祖是老比丘"，声言求佛求祖皆将被魔摄缚。然而如果由此认为义玄是在彻底地将佛否定掉，也是不符合实际情况的。他反对的是对佛的迷信崇拜，是不确立自信而一味执著地向外追求。他明明还说，真正的佛是无形无相的——"有身非觉体，无相乃真形"。

4. 骇人听闻之语——所谓"杀佛""杀祖""杀父""害母"

义玄要门下弟子以空观来断除一切对内外事物的执著,确立真正见解。他为此甚至利用骇人听闻的语言来打比方,以便在弟子中起到振聋发聩的效应。他说:

> 道流,你欲得如法见解,但莫受人惑。向里向外,逢著便杀:逢佛杀佛,逢祖杀祖,逢罗汉杀罗汉,逢父母杀父母,逢亲眷杀亲眷,始得解脱,不与物拘,透脱自在。

这里提到的佛、祖、罗汉,可以用"空""幻化"来加以否认,然而父母、亲眷却是活生生的存在,难道要真杀不成?其实,这是一种比方。是说为了得到"如法见解",不受别人的迷惑,对一切束缚自己、约束自己的任何执著、观念,皆要断除,皆要弃舍,如此才能达到真正的解脱,"不与物拘,透脱自在"。

最骇人听闻的是如下一段话:

> "大德,造五无间业,方得解脱。"
> 问:"如何是五无间业?"
> 师云:"杀父,害母,出佛身血,破和合僧,焚烧经像等,此是五无间业。"

看到这里,不是叫人吓一跳吗?"五无间业"就是五种能够使人死后遭到下无间（无间断地受苦等）地狱报应的恶业。一位名震遐迩的禅师竟公然教人做出杀父、害母、刺伤佛身、破坏僧团、焚毁经像的"五逆"罪行，不是太荒唐离谱了吗？且慢，先看看《楞伽经》是如何讲的。南朝宋求那跋陀罗译《楞伽经》卷三有这样一段话：有位大慧菩萨问佛："云何男子、女人行五间业不入无择地狱（按，即无间地狱）？"佛向他解释说，五间业是"杀父母及害罗汉，破坏众僧，恶心出佛身血"；又进一步解释说：

云何众生母？谓爱，更受生，贪喜俱，如缘母生；无明为父，生入处（按，指眼耳鼻舌身意六根六处）聚落，断二根本，名害父母。彼诸使（按，指各种烦恼）不现，如鼠毒发，诸法究竟断，彼名害罗汉。云何破僧？谓异相诸阴（按，指色受想行识"五阴"），和合积聚，究竟断，彼名为破僧。大慧，不觉外、自、共相，自心现量，七种识身（按，北魏菩提流支译《入楞伽经》卷五作"八种识身"），以三解脱无漏恶想，究竟断彼七种识佛（《入楞伽经》作"八种识佛"。是以佛比喻七识或八识），名为恶心出佛身血。

贪爱名为母，无明则为父，觉境识为佛，诸使为罗汉，阴集名为僧，无间次第断。谓是五无间，不入无择狱。㉛

这显然也是比喻的说法。大意是借"五无间业"来比喻破除贪爱、无明（痴）、诸种烦恼，以及达到解脱（五阴无缘聚合，再轮回生死）；体悟一切唯识所生，断除妄想，使心识由染转净。按照佛教的教义，这自然不会下地狱。义玄是在这个说法的基础上稍加改变（把"害罗汉"改为"焚烧经像"），并巧加解释，用来宣述自己的禅法主张。他说：

云："如何是父？"

师云："无明是父。你一念心求起灭处不得，如响应空，随处无事，名为杀父。"

云："如何是母？"

师云："贪爱为母。你一念心入欲界中求其贪爱，唯见诸法空相，处处无著，名为害母。"

云："如何是出佛身血？"

师云："你向清净法界中，无一念心生解，便处处黑暗，是出佛身血。"

云："如何是破和合僧？"

师云："你一念心正达烦恼结使，如空无所依，是破和合僧。"

云："如何是焚烧经像？"

师云："见因缘空，心空，法空，一念决定断，迥然无事，便是焚烧经像。

"大德，若如是达得，免被他凡圣名碍。"

可见他在解释中贯彻着般若"空"的思想，主张用"无念"

"无事""诸法空相,处处无著""空无所依""因缘空、心空、法空"等与"空"相应的观念来对治各种烦恼,停止对佛、经像的盲目追求,破除种种执著与妄想。"如是达得,免被他凡圣名碍",意为懂得以上所说的道理,就可以不受是凡是圣等说法的束缚,增强自信。下面的一段正是承此而来。

  你一念心只向空拳指上生实解,根境法中虚捏怪。自轻而退屈,言我是凡夫,他是圣人。秃屡生,有甚死急,披他师子皮,却作野干鸣。大丈夫汉,不作丈夫气息,自家屋里物不肯信,只么向外觅,上他古人闲名句,倚阴博阳,不能特达,逢境便缘,逢尘便执,触处惑起,自无准定。

引文中的"空拳指上生实解""根境法中虚捏怪",是出自慧能的弟子玄觉的《永嘉证道歌》。为止小孩啼哭,向他伸出空拳说里面有好东西(原出《大宝积经》卷九十);为告诉愚者月亮之所在,用手指指明方位,愚者却以指为月。(出自《楞伽经》卷四)这都是真假不分,以虚妄为真实,在个人虚妄的感觉上(根境相对生感觉)大做文章,小看自己,不相信自己本来与佛无别,而一味地外求,尊奉他人为圣贤,长他人的威风,处处执著,处处受拘束。义玄对此种现象所做的批评可以说是相当尖锐的。"上他古人闲名句",是说受古人言教的束缚,失去自信。"闲名句",有的地方作"闲机境",意思大致相同。"闲",意为无用,无意义;"机境",指人与对境,也可解释为蕴含禅机的处所,实际是指禅师接引学人的言语、动作。

般若"空"义是临济义玄要求弟子确立的所谓"真正见解"的重要内容之一。这一"空"的思想与自身是佛的思想,以"不二"的法门相互沟通,贯彻《临济录》的始终。

(四) 无修无证,"佛法无用功处"

义玄认为,心灵之我即是佛,佛在自身而非在外;又说一切皆空,"心外无法,内亦不可得"。与此相应,在修行方面便反对向身外求佛求法求解脱,主张无修无证,说"佛法无用功处"。

义玄明确地向徒众说:

> 道流,是你目前用底与祖佛不别。只么不信,便向外求。莫错。向外无法,内亦不可得。你取山僧口里语,不如休歇无事去。已起者莫续,未起者不要放起,便胜你十年行脚。约山僧见处,无如许多般,只是平常著衣吃饭,无事过时。你诸方来者皆是有心,求佛求法,求解脱,求出离三界。痴人,你要出三界,什么处去?佛祖是赏系底名句。你欲识三界么?不离你今听法底心地。你一念心贪,是欲界;你一念心嗔,是色界;你一念心痴,是无色界,是你屋里家具子。……
>
> 大德,四大色身是无常,乃至脾胃肝胆、发毛爪齿,唯见诸法空相。你一念心歇得处,唤作菩提树;你一念心不能歇得处,唤作无明树。无明无住处,无明无始终。你若念念心歇不得,便上他无明树,便入六道四生,披毛戴

角。你若歇得,便是清净身界。你一念不生,便是上菩提树,三界神通变化,意生化身,法喜禅悦,身光自照。思衣,罗绮千重;思食,百味具足,更无横病。

"目前用底(的)",是指正在发挥作用的"心"、"心法"。以上所引主要是讲:一、佛在自身,不必外求;二、内外皆空,无法可修,"不如休歇无事",过每日穿衣吃饭的正常生活;三、三界即在自心,自心若有贪、嗔、痴诸种烦恼,三界便在你心中:心贪是欲界,心嗔是色界,心痴是无色界,使你难免在"六道四生"中轮回;佛界也在你自心,歇心无念,便可达到觉悟解脱,进入逍遥自在的佛国净土,具有广大的神通,衣食无虑,福乐无尽。然而实际上也不是叫人无所作为。要人"歇心","一念不生",断除以贪嗔痴为首的情欲烦恼,这难道不是要人在修心,改变心识上下功夫吗?

义玄还说:

> 道流,佛法无用功处,只是平常无事,屙屎送尿,著衣吃饭,困来即卧。愚人笑我,智乃知焉。古人云:向外作工夫,总是痴顽汉。你且随处作主,立处皆真,境来回换不得。纵有从来习气、五无间业,自为解脱大海。今时学者总不识法,犹如触鼻羊逢着物安在口里,奴郎不辨,宾主不分。如是之流,邪心入道,闹处即入,不得名为真出家人,正是真俗家人。

向你道：无佛无法，无修无证。只与么旁家拟求什么物？瞎汉，头上按头，是你欠少什么？

这是一种即生活日用即为佛道的见解。认为佛法不离现实生活，自由自在地过日常生活就是修佛道。佛在自心，无须向外追求；在在处处自信是佛，未离佛道，不受外物外境的影响。甚至认为，即使负有前世的罪业（"纵有从来习气、五无间业"），也不能妨碍达到解脱。如果失去自信，向外求佛求法，从事种种修证，那就是"奴郎不辨，宾主不分"，是"头上安头"，是自讨苦吃。引文中的"随处作主，立处皆真"，在《临济录》中引用两次。其中的"立处皆真"取自后秦僧肇的《肇论》中的《不真空论》："不动真际为诸法立处，非离真而立处，立处即真也。"下面一句话是："然而道远乎哉？触事而真；圣远乎哉？体之即神。"大意是：不动的真如（"真际"或"实际"，即真如，这里侧重表示空、真空）是万有所依的本体，真如与万有相即融通，真如不离万有，万有即是真如；真如之道在事事物物之中，任何事物都是道的显现；圣贤也在世间，能够体悟真如之道即为圣贤。义玄所说的"随处作主，立处皆真"，也大致包含了这个意思，是要求修行者时时处处相信自己是佛（主人），认识菩提成佛之道就在日常生活之中。

那么怎样才能达到真正的解脱呢？义玄明确地表示：

你若能歇得念念驰求心，便与佛祖不别。

你要与祖佛不别,但莫外求。

无事是贵人。但莫造作,只是平常。你拟向外旁家求过,觅脚手,错了也。

是说"不外求"、"无念"、"莫造作"、"无事",就可以达到觉悟,与佛、祖无别。相反,如果一味地执意地到处求佛求法,义玄宣称"有求皆苦",必然带来新的烦恼。他断言:"若人求佛,是人失佛;若人求道,是人失道;若人求祖,是人失祖。"好像是南辕北辙一样,离预想的目的更远。

(五) 对传统佛教和禅宗界一些现象的批评

义玄在创立自己的禅法过程中,不免要对佛教和禅宗界某些现象提出批评。从现存《临济录》来看,他批评的主要对象是后者。

义玄对传统佛教的批评主要有两点:

第一,在对佛的看法上。传统佛教的最通行的看法是认为佛是最高的修行果位,是"究竟"(永恒、绝对)的存在。对此,义玄提出:"你若道佛是究竟,缘什么八十年后向拘尸罗城双林树间侧卧而死去?佛今何在?明知与我生死不别。"据早期佛教经典《长阿含经·游行经》等的记载,释迦牟尼佛年寿八十,在古印度拘尸那城(或作"拘尸那揭罗")的末罗双树间去世。义玄据此反问,既然佛有死亡,可见不能说达到"究竟",他与我们普通人也没有差别。大乘佛教认为佛有三身:法身、报身、化身（或称应身）。"据经论家，取三种身为极则"；或"取法身为根本，报、化二身为用"（《临济录》）。对此，义玄也表示反对。他引古人（唐代窥基《大乘法苑义林章》）所说的"身依义立，土据体论"[32]，认为既然佛的三身及所据之佛国净土是在不同的意义上提出来的，佛国净土（法性土、报身土、化身土）也是依不同的佛体而立，那么，它们就是相对的存在，是假定的"名言"。他说："此三种身是名言，亦是三种依……法性身、法性土明知是光影。"又说："法性身、法性土，明知是建立之法，依通国土。空拳黄叶，用诳小儿。蒺藜菱刺、枯骨上觅什么汁？"所谓"空拳黄叶，用诳小儿"，是说空拳攥着黄叶说是攥着黄金，哄骗小孩别哭。（原典出自北本《大涅槃经》卷二十）[33]这是说，既然佛的三身及其净土皆是与别的事物相对应才存在，皆是有所依托的产物，那么它们就是空幻不实的东西，有什么可以追求的呢？

第二，批评传统佛教认为"有修有证"及执著佛教经论的做法。他说："你诸方言道：有修有证。莫错，设有修得者，皆是生死业。你言六度万行齐修，我见皆是造业。求佛求法，即是造地狱业；求菩萨亦是造业；看经看教亦是造业。佛与祖师是无事人。所以有漏有为，无漏无为为清净业。""业"是行为。传统佛教的一切修行——"六度万行"，包括布施、持戒、忍辱、精进、禅定、智慧（般若）的修行和求佛求法，看佛经，学教法，做功德等一切做法，在这里被义玄一概说成是导致死后沦入地狱恶道的业因。他还说："设解得百本经论，不如一个无事底阿师。你解得，即轻蔑他人，胜负修罗，人我无明，长地狱业。"可以说这是站在禅宗立场对传统佛教所做出的一种彻底的否定。

然而通读《临济录》可以发现，义玄批评的最严厉的竟是禅宗内部的某些现象。在《临济录》中的一些带有谩骂、尖刻嘲讽意味的称呼，从前后文来看，几乎全是针对禅宗内部有地位的禅师的，如有"不识好恶秃奴""老秃奴""瞎秃子""依草附叶竹木精灵""野狐精魅""瞎屡生""瞎汉"等。僧人出家时要剃除须发。义玄自己也是僧人，但在他嘴中骂出"秃奴""秃子"等来，真是不可思议。骂"瞎屡生"比"瞎汉"似乎更重一些。"屡生"大概是屡屡轮回生死，永不超脱的意思。义玄也用"瞎屡生""痴人"等称呼来斥责门下弟子。

义玄对禅宗内部的批评有如下三个方面：

第一，批评门下徒众和前来参禅者不相信佛在自心，而是执意向外求佛求法，到处游方参禅问道。他说：

> 大德，时光可惜。只拟旁家波波地学禅学道，认名认句，求佛求祖，求善知识意度。莫错，道流。你只有一个父母，更求何物。你自返照看。古人云：演若达多失却头，求心歇处即无事。大德，且要平常，莫作模样。

> 道流，大丈夫儿，今日方知本来无事。只为你信不及，念念驰求，舍头觅头，自不能歇。如圆顿菩萨，入法界现身，向净土中厌凡忻圣。如此之流，取舍未忘，染净心在。

道流，莫取次被诸方老师印破面门，道我解禅解道。辩似悬河，皆是造地狱业。

"旁家波波地"，意为一家挨一家地，一门接一门地奔波，是指禅僧到各地行脚，寻访禅寺，参禅问道。"演若达多失却头，求心歇处即无事""舍头觅头"的典故出自《楞严经》卷四，谓在室罗城中有个叫演若达多的人，一日早晨照镜子，看见镜中的脸面眉目清晰，而不知道此是自己影像，反而怀疑自己的头没有面目，以为是"魑魅"，惊恐狂奔。后来心静（"忽然狂歇"），才认识到自己的头原"非外得"，本来无事。"圆顿菩萨"，是大乘佛教的最高菩萨阶位；但从引文意思来看，当是泛指传统佛教（如被称为圆教、顿教的天台宗、华严宗）所信奉的菩萨。唐代禅宗兴起，禅僧在各州县大的禅寺之间往来游方参禅，求著名禅师授法，并求他们对自己的悟境予以印可。这种风气十分盛行，一直延续到宋代及其以后。义玄针对这种现象进行批评，说到处奔波的参禅者不知道主人公、父母就是自己，佛就在自身，却向外寻求，好像《楞严经》上所说的演若达多那样不知自己本来面目，到处狂奔寻找自己的头一样。义玄表示，即使是大乘菩萨，如果他出入法界现示神通，有"厌凡忻圣"向往净土的意向，也表明他们仍未忘"取舍"，仍有"染净心"，也不能说已经达到解脱。义玄对此批评的目的，是教门下徒众和参禅者确立对达到解脱的自信，获得"真正见解"。

第二，批评"坐禅观行"是外道之法，并批评抄写语录为至宝的现象。禅宗北宗曾提倡"凝心入定，住心看净，起心外照，摄心内证",通过坐禅,由看净观空,而达到净心见性的目的。慧能早已对这种禅法提出批评,说:"起心看净,却起净妄","看心看净,却是障道因缘。"(敦煌本《六祖坛经》)慧能弟子神会当年在南阳与北宗辩论时也曾对此种禅法进行激烈批评。独孤沛所编《菩提达摩南宗定是非论》对此有详细记载。㊳然而这种禅法直到义玄的时候,似乎在禅宗界仍很流行。义玄批评说:

> 有一般瞎秃子饱吃饭了,便坐禅观行,把捉念漏,不令放起,厌喧求静,是外道法。祖师云:你若住心看净,举心外照,摄心内证,凝心入定,如是之流皆是造作。是你如今与么听法底人,作么生拟修他,证他,庄严他?渠且不是修底物,不是庄严底物。若教他庄严,一切物即庄严得。你且莫错!

他说"住心看净"等是出于"妄心"的造作,即是有所追求的做法,是不可取的。又表示,作为心灵之你——"听法底人"——本性,也不是属于可修、可证、可庄严的东西。至于为什么,他没有讲,也许是"心法无形"的缘故。

有的学僧听了他的说法,知道了心外无法,于是便致力于坐禅修心。对此,义玄也批评。他说:

> 大德,山僧说向外无法。学人不会,便即向里作解,便即倚壁坐,舌拄上腭,湛然不动,取此为是祖门佛法也。大错。是你若取不动清净境为是,你即认他无明为郎

主。古人云：湛湛黑暗深坑，实可怖畏。此之是也。

倚壁静坐，舌拄上腭，打坐修定，是传统的坐禅方法。义玄认为这样做可能背离自己的清净之心，而将"无明"烦恼的妄心认作自己，陷入黑暗深坑不能自拔。

随着禅宗的盛行，抄录著名禅师的语录的现象也越来越普遍。在一个重视文字、历史的国度，可以说这是很自然的。一些禅僧不重经论，却重读禅家语录。义玄对此也进行批评。他说：

今时学人不得，盖为认名字为解，大策子上抄死老汉语，三重五重复子里，不教人见，道是玄旨，以为保重。大错，瞎屡生，你向枯骨上觅什么汁？有一般不识好恶，向教中取意度商量，成于句义，如把屎块子向口里含了，吐过与别人。犹如俗人打传口令相似。一生虚过，也道我出家。被他问著佛法，便即杜口无词，眼似漆突，口如扁担。如此之类，逢弥勒出世，移置他方世界，寄地狱受苦。

"复子"指衣服的里层。"死老汉语"，是已故禅师语录，大概也包括在世禅师的语录，含有贬义。义玄认为抄写、阅读这样的语录对达到解脱无益，好像狗啃枯骨一无所得一样。他对有人从佛教经论和其他教派的理论中选取资料，用在自己宣讲禅法和著作之中的做法，批评为口含屎块又喂与别人，而说这样的人实际上对佛法一无所知。

第三，尖刻批评一些禅师不懂装懂，乱点迷津，惑乱学人。他说：

> 如诸方善知识不辨邪正，学人来问菩提、涅槃、三身境智，瞎老师便与他解说，被他学人骂著，便把棒打他，言无礼度。自是你善知识无眼，不得嗔他。有一般不识好恶秃奴，即指东划西，好晴好雨，好灯笼露柱。你看眉毛有几茎？这个具机缘。学人不会，便即心狂。如是之流，总是野狐精魅魍魉，被他好学人嗌嗌微笑，言瞎老秃奴惑乱他天下人。

> 有一般不识好恶秃奴，便即见神见鬼，指东划西，好晴好雨。如是之流，尽须抵债，向阎老前吞热铁丸有日。好人家男女，被这一般野狐精魅所著，便即捏怪。瞎屡生，索饭钱有日在。

禅僧接引弟子、参禅者既用语言，又回避正面讲述，指东划西，动静不定，又常常打比方，用隐喻，打瞎谜，动不动施以棒喝，有时弄得弟子、参禅者不知所措。义玄批评这些禅师势必将学人引入迷途，并宣称他们必将受到报应。义玄所嘲讽和批评的现象，在禅宗界是普遍存在的。问题是各个禅师都认为自己正确，都用不同的方式语言批评别人。如果站在反对义玄禅法的立场，也会对义玄指出类似的批评。从《临济录》来看，义玄对自己的禅法主张并没有做全面系统的论证，在不少场合对学人的提问也不做正面回答,也有莫名其妙地向参禅者施以棒喝的情况。

临济义玄是按照自己的所谓"真正见解"来衡量禅法的高低,来批评其他禅僧的。我们通过考察义玄对传统佛教和禅宗内部某些现象批评的言辞,对他的禅法的要点看得更加清楚:强调佛在自身自性,不必向外求佛求法;主张休歇自心,无事度日;做到"不与物拘,透脱自在"。

(六) 所谓"临济门庭"

以上所述是义玄的主要禅法思想。义玄运用此禅法思想接引、教诲弟子和来自各地的参禅问道者,形成自己独特的方式方法。禅宗史书所称的"临济施设""临济门庭"或"临济门风",虽从广义上包括临济的禅法,但在一般情况下仅侧重指义玄接引教诲弟子、参禅者的方式方法。自从临济法系的风穴延沼、首山省念和汾阳善昭在传法中大力举扬义玄当年传法中提出的所谓"四料拣""三句""四宾主""四照用"和"三要三玄"等以后,禅宗界几乎将这些接引学人,传授禅法的方式方法当成临济禅法的主要特色了。

南宋临济宗杨岐派僧智昭所著《人天眼目》六卷,编录禅宗五派的创始人及其后世著名禅师的语录、偈颂,介绍禅门五家各自的禅法思想和传法的独特风格。其中在介绍临济宗的部分,着重介绍义玄的所谓"四料拣""三句"和"三玄三要"等,在题为《临济门庭》的部分对临济宗禅风做了如下概述:

> 临济宗者,大机大用,脱罗笼,出窠臼,虎骤龙奔,

星驰电激,转天关,斡地轴,负冲天意气,用格外提持,卷舒擒纵,杀活自在。是故示三玄、三要、四宾主、四料拣、金刚王宝剑、踞地师子、探竿影草;一喝不作一喝用,一喝分宾主,照用一时行。……大约临济宗风,不过如此。要识临济么?青天轰霹雳,陆地起波涛。

这段话的前一部分是讲临济禅法的非凡超绝之处,虽用了许多生动的形象的语言进行表述,但实质内容不过是说此禅蕴含巨大禅机(禅智、机锋,巧妙昭示解脱之道的功能),能够适应情况不拘一格地运用各种语言、动作等来传递佛法信息与学人交流思想、悟境(大用),灵活自如,具有断除执著、迷误和烦恼的无限威力。后一部分是讲临济义玄接引学人、传授禅法曾采取过的方式方法,即所谓"临济门庭"。这一部分成为此书的主要内容。这样编写虽可作为此书的特色,但由此认为临济禅法也只是如此,那就是以偏概全了。实际上,前面所详细介绍的才是临济禅法的主要内容,所谓"临济门庭"或"临济施设"者,不过是运用此种禅法的一些具体表现罢了。

后世禅宗经常引述的"三句""三玄三要""四料拣""四宾主""四喝""四照用"等,到底有怎样的具体含义?当初义玄自己并没有做出解释。后世的很多引用者一般也只是用笼统的语言进行发挥,也回避做出具体解释。这大概是认为用越抽象、越使人捉摸不透的语句说禅才是所谓"活句",否则就陷于"死句"的缘故吧。下面参考《临济录》中相关的语句,并参考后世临济宗禅僧的有关语录试做解释。

1. 三句

《临济录》中两次提到"三句",现按出现的先后次序引录如下:

> 上堂。僧问:"如何是第一句?"
> 师云:"三要印开朱点侧,未容拟议主宾分。"
> 问:"如何是第二句?"
> 师云:"妙解岂容无著问,沤和争负截流机。"
> 问:"如何是第三句?"
> 师云:"看取棚头弄傀儡,抽牵都借里头人。"

> 问:"如何是真佛、真法、真道?乞垂开示。"
> 师云:"佛者,心清净是;法者,心光明是;道者,处处无碍净光是。三即一,皆是空名,而无实有。如真正学道人,念念心不间断。自达磨大师从西土来,只是觅个不受人惑底人。后遇二祖,一言便了,始知从前虚用功夫。山僧今日见处与祖佛不别。若第一句中得,与祖佛为师;若第二句中得,与人天为师;若第三句中得,自救不了。"

《人天眼目》将这两段文字前后次序做了改变,使人感到"如何是第一句"等三句就是对"若第一句中得"等三句所做出的解释。这令人有些怀疑。前面在介绍《临济录》时谈到,义玄的"示众"说法部分是《临济录》的主体，在各种本子的《临济录》中是基本保持原样的。据查，引文第一段文字最早见于《景德传灯录》卷十二《义玄传》，然而在稍后的《四家语录》本的《临济录》中却无载，至宗演本《临济录》才在"示众"部分的前面载录。第二段文字虽载于《临济录》的主体部分，但其中"第一句中得……自救不了"竟与《赵州语录》中的"若是第一句……自救不了"（《古尊宿语录》卷十三）几乎完全相同，而且首山省念的语录中也有："第一句荐得，堪与佛祖为师……"（《古尊宿语录》卷八）《续传灯录》卷三所载宋代临济宗的石霜楚圆的语录中也明确地说："先宝应曰：第一句荐得，堪与佛祖为师……"㉟这里的"宝应"是指省念，因为他也曾在汝州宝应寺担任住持。到底是临济义玄先提出，别人引用，还是义玄本来没有这段语录，是后人加上的？现在甚难确定。这里不妨将这两段文字都看作是义玄的语录，然而在解释时却不将两段文字作为一个整体混合解释。

从内容上看，"三句"讲的是传授禅法时应当注意的三个方面。

第一句："三要印开朱点侧，未容拟议主宾分。""三要"泛指禅法的要点（详后）；"朱点侧"，《景德传灯录》作"朱点窄"，大概是因为同音而将"侧""窄"相混，似乎以"朱点侧"为好，当指公文中用朱笔点过的文字，是公文的要害部分。大意是说，在传授禅法时应当抓住要点，使人毋庸置疑地理解问题的先后、主次，领悟"真正见解"。

第二句："妙解岂容无著问，沤和争负截流机。""无著"是人名，《宋高僧传》卷二十《无著传》载，唐代有僧名无著（737~?）在大历（766~779）年间到五台山巡礼文殊菩萨，据称见到文殊显化的老翁，与他之间有答问，并赠之以启示"一念净心是菩提"的偈颂。"沤和"（"沤和俱舍罗"）是梵文"方便""智巧"的音译之略，与"般若"（智慧）是大乘佛教的两大法门，是指适应不同情况向众生施行教化、救济的种种方法、手段。"争负"即"怎负"，怎能辜负的意思。"截流"，是截断水流，当指截止生死轮回之流；"截流机"，是说佛法（禅法）具有断除烦恼，使人超离生死的功能。这一句是说，传授禅法时要适应场所和受法对象直截了当地讲明或启示解脱之道，使佛法（真法、真道）充分发挥引导众生断除烦恼达到解脱的作用。

第三句："看取棚头弄傀儡，抽牵都借里头人。""弄傀儡"演木偶戏。这一句是以木偶的动作皆由藏在幕后的人操纵的喻示，教导受法者应当从世界万有现象之上看到它们的本质、本体的方面（真如、佛性），进而体悟支配自己言语行为的本性、心灵（无位真人、无形无相的听法者、无依道人），确立自修自悟的信心。

至于第二段文字所说的三句，应当认为是与前面的文字中的三句没有直接的关系，而与"佛者，心清净是；法者，心光明是；道者，处处无碍净光是……自达磨大师从西土来，只是觅个不受人惑底人。后遇二祖（按，慧可），一言便了，始知从前虚用功夫"有直接关系。是说：既然佛、法、道皆属心法，从根本上来说不是文字语言可以表达的，最可靠的方法是通过心的契悟。在这种情况下，语言只是起启示的作用。据说当年二祖慧可只是经达磨一语（第一句）的提示便领悟解脱之道。义玄接着向弟子表示，如果谁能从一句话的提示中领悟解脱之道，他便可以与祖佛为师；如果须经过第二句的提示才能领悟，那么他只可与人天为师；如果从第三句的提示中得到领悟，说明他连自己也救不了。显然，这里所说的第一句至第二、第三句以及所谓"与祖佛为师""与人天为师"等，只是比喻的说法。参考赵州和尚、省念、楚圆等人的语录，他们对此三句也是单独引用的，有的还对三句做出自己的解释。

2. 三玄三要

在前面第一段引文之后，紧接着是：

> 师又云："一句语须具三玄门，一玄门须具三要，有权有用。汝等诸人，作么生会？"

这到底是什么意思？前面三句语，如果每一句具有三玄门，那么三句就共有九玄门。进而，每一玄门具有三要，每句就有九要，三句就共有二十七要。能够这样机械地理解吗？义玄在说法中反复批评"执名句"，"认名认句，向文字中求"，要求"不著文字"，"一切时中，莫乱斟酌"，"休歇自心"等，难道会提倡这种烦琐的表达方法吗？显然是不可能的。后世不少禅师对"三玄三要"做了引用、发挥，但很少做具体解释。

宋代临济宗的汾阳善昭（847~1024）经常引"三玄三要"宣讲禅法，《古尊宿语录》卷十《汾阳语录》记载："师举扬宗乘渠渠，惟以三玄三要为事，临济宗真要诀也。"他的有关语录较多，前面附录中所载惠洪《临济宗旨》、《人天眼目》有不少摘录，可以参考。这里仅引用几段略加说明。先引善昭的语录：

僧问："如何是学人著力处？"师曰："嘉州打大像。"问："如何是学人转身处？"师曰："陕府灌铁牛。"曰："如何是学人亲切处？"师曰："西河弄师子。"乃曰："若人会得此三句，已辨三玄，更有三要语在，切须荐取，不是等闲。与大众颂出：三玄三要事难分，得意忘言道易亲。一句明明该万象，重阳九日菊花新。"

与汝一切颂出曰："第一玄，法界广无边，森罗及万象，总在镜中圆；第二玄，释尊问阿难，多闻随事答，应器量方圆（或作"无边"）；第三玄，直出古皇前，四句百非外，闾氏问丰干。"

按照一般生活常识，禅僧学僧的修学方向、修悟转身处、亲切处，与塑造佛像、铸造铁牛、表演狮子舞没有任何关系，但善昭说懂得这三句已经领悟"三玄"。那么，到底"三玄"是什么意思？可见并没有做真正解释。什么是"三要语"呢？他先以颂"三玄三要事难分"起头，然后用后边的三句对三个"要语"做解释。我们如果加以推演，那么：第一句是从真如、佛性（所称的"道""意"）的角度来说的，是认为只有隐藏在文字语言后面的真如、佛性才是真实的，它是认识的最后归宿；第二句是从真如、佛性与世界万有的相互关系来说的,真如佛性显现为万有,万有当中有真如佛性;第三句是借用一句对自然景物的描写来表示任何正面语言表述都不能确切表达真理。

至于善昭的三玄颂,应如何解释?颂中的"四句",是指"是、非是、是非是、非是非非是",包容了一切语言表述形式;"百非"是以"非有非无"的同类形式对无数概念不断否定的表达方式。"四句百非外",是说取消一切语言文字的表述。"闾氏"是唐代台州刺史闾丘胤。"丰干"是天台山国清寺的僧人,与寒山、拾得二人俱以"神异"著称。据载,闾丘胤上任途中有病曾受丰干医治,曾向他问未来"安危之兆",而丰干没有直言(《景德传灯录》卷二十七《丰干传》)。闾丘胤曾为《对寒山子诗》写序(《新唐书》卷五十九《艺文志》)。善昭的三玄颂,似可做这样解释:第一玄是从真如的角度讲的,谓真如随缘生万法,万法本源是真如;第二玄是从佛法与众生的关系讲的,谓佛法的法门无量,随机应用也无尽;第三玄是从真如佛性的超言绝相的角度讲的。

在善昭稍后,云门宗的荐福承古(号"古塔主",?~1045)曾对"三玄三要"做了系统的解释,在本书前面附录的《临济宗旨》中也有引述。这里仅做简要说明。据惠洪《禅林僧宝传》卷十二《荐福古禅师传》,承古引述善昭的三要语颂:"三玄三要事难分,得意忘言道易亲,一句明明该万象,重阳九日菊花新。"说第一句是"总颂三玄";第二句是"玄中玄";第三句是"体中玄";第四句是"句中玄",说此三玄是"佛祖正见,学道人但随入得一玄,已具正见,入得诸佛阃域"。一、他引用诸如"外道问佛,不问有言,不问无言,世尊良久……僧问马大师:离四句,绝百非,请师直指西来意。答曰:我今日无心情,但问取智藏……"表示"若要不涉语句,须明玄中玄"。是以"不涉言句",或回避用语言正面讲述、回答佛法问题,作为"玄中玄";二、引用"肇法师云:会万物为自己者,其唯圣人乎……又曰:三界唯心,万法唯识"等,说:"体中玄,临机须看时节,分宾主,又认法身、法性,能卷舒万象,纵夺圣凡。"是以真如、本心是万法本体、本源,作为"体中玄"。三、举"僧问思和尚:如何是佛法大意?答:庐陵米作么价;又僧问赵州:承问和尚,亲见南泉来是否?答:镇州出大罗卜头……"是将问东答西,对各种质询不予回答或以反诘语答复,称之为"句中玄"。此外,他还借用雪峰义存弟子玄沙师备(835~908)的语录来解释"三玄"。(见惠洪《临济宗旨》)

问题是,以上所引述的善昭、承古的解释符合当年临济义玄所说的"三玄""三要"吗?善昭、承古本人会同意笔者对他们的原话的理解,承认所做出的解释吗?

第一,善昭对"三玄三要"的解释是善昭的解释,是善昭用以表述自己禅法思想的"三玄三要";同样,承古的解释是承古的解释,是承古表达自己禅法思想的"三玄三要"。他们的"三玄三要"都不能做为临济义玄的"三玄三要"。宋代盛行文字禅,拈古、颂古、语录大兴于世,读公案、参话头等成风。在这种情况下,不少禅僧将以往著名禅师的语录、公案取来按照自己的主张或理解,进行解释和发挥。其中有的解释符合或基本接近原语本意,然而更有不少是借题表达自己的禅法主张。仔细阅读《临济录》可以断定，善昭、承古等人的解释和发挥是不符合临济义玄的思想的，当年义玄是不可能做出这种基于语言的和义理的分析与归纳而得出的结论的。前面提到，义玄禅法的一个重要主张就是要求"不著文字"，反对"认名认句，向文字中求"。何况承古公开断言，他根本就不承认"三玄门"是临济宗的法门，他说："此三玄法门是佛知见，诸佛以此法门度脱法界众生，皆令成佛。今人却言三玄是临济门风，误矣。"

第二，笔者对善昭、承古关于"三玄三要"的解释进行简要说明，并用易于现在的一般人理解的语言加以概述，很难说能完全准确地表达他们原来的意思。按照禅宗传法的风气，当初他们也许根本就不想把话说得十分清楚。笔者只是想为读者便于理解义玄的"三玄三要"提供一个参考，并且提醒，他们的解释虽长期受到人们重视，但不能认为是符合义玄原来的禅法思想的。

那么，义玄的"三玄三要"到底是什么意思？惠洪《临济宗旨》说："临济但曰：一句中具三玄，一玄中具三要，有玄有要而已，初未尝自为句中玄、意中玄、体中玄也。"这是对的。义玄的本意是说，向弟子、参禅者讲授禅法，应力求注意每一句话都抓住要点，切中要害，使人能迅速领悟真正见解。在这个场合，"三"表示多，非一；"玄"，意为深邃、奥妙，非一般语言文字能够准确表述的道理；"要"，是要点。"一句语须具三玄门，一玄门须具三要，有权有用。"在这里，"一句语"是比方，未必特指一句话，是指讲授禅法；"三玄""三要"是递进语，"要"是"玄"之"要"，一是强调说法内容要有无穷深妙的法义，二是强调说法应句句突出要点。《临济录》中说"佛法玄幽"，称

"心法""心地法"是"玄旨",说无形无相的"乘境底人,是诸佛之玄旨"。据此,可以说义玄的"一句语须具三玄门,一玄门须具三要",是要求讲授禅法时应当突出心法、佛性的内容,不搞烦琐哲学。应当说这样的内容正是临济禅法中最幽玄的部分,是临济禅法的要点。

3. 四料简

"四料简"也作"四料拣"。"料",意为核计、度量;"简",意为简别、选择,合为衡量择别的意思。"四料简"是义玄根据弟子、参禅者不同的素质和思想状况,所采取的四种旨在消除他们对"人我"("我",意为自性、实体、规定性)、"法我"执著(简称"人执""法执")的教导方法。《临济录》载:

> 师晚参示众云:"有时夺人不夺境,有时夺境不夺人,有时人境俱夺,有时人境俱不夺。"
> 时有僧问:"如何是夺人不夺境?"
> 师云:"煦日发生铺地锦,婴孩垂发白如丝。"
> 僧云:"如何是夺境不夺人?"
> 师云:"王令已行天下遍,将军塞外绝烟尘。"
> 僧云:"如何是人境两俱夺?"
> 师云:"并汾绝信,独处一方。"
> 僧云:"如何是人境俱不夺?"
> 师云:"王登宝殿,野老讴歌。"

佛教认为世界上的一切事物和现象是借助各种因缘条件形成的，是迁流无常的，是不真实的。但以原始佛教和部派佛教为代表的小乘佛教（教义载诸本《阿含经》和各种论释此经教义的论书——阿毗昙）主要着眼于人生问题，认为人体由色、受、想、行、识"五阴"组成，它们聚散无常，从而人生无常，充满苦恼，劝人不要迷恋世俗生活，应当断除情欲烦恼，追求涅槃解脱。这种着重于对人身执著的破除，被称为破"人我"。然而，小乘一般还承认色（地水火风）、受、想、行、识诸种因素及由地水火风所造的山河大地、外境的存在。这在佛教被称为"法我"。大乘虽也重视对人生的观察，但同时也重视对世界万有的思辨分析，主张人、法（人我、法我）两空，以"诸法性空"的理论既否认人我，也否认法我（以诸本《般若经》思想为代表）。禅宗是大乘佛教在中国的发展形式之一，在认识上以破除人们的人、法二执为己任，但对此的说法有种种差别。临济义玄所提出的"有时夺人不夺境，有时夺境不夺人，有时人境俱夺，有时人境俱不夺"，后人称之为四料简，就是以破除所谓人、法二执为宗旨的。所说的"夺"，是指禅师以语言或动作乃至棒喝，示意受教的对方破除自己对人、法的执著。义玄本人对此没有做具体解释，只是通过偈颂描绘的意境，比喻是破斥人我还是法我，偈颂本身所具有的含义与四料简没有直接内在的关系。现结合他的偈颂，对四料简略加说明。

"有时夺人不夺境"，是针对我执（我见）重的人，提示他破除对人我（人身、人生）的执著。偈颂"煦日发生铺地锦，婴孩垂发白如丝"，描绘的是早晨太阳光辉四射（法、境），而出生不久的婴儿却已白发如丝（人），比喻只夺人而不夺境。

"有时夺境不夺人"，是针对法执（法见）重的人，提示他破除对法我（万有、境）的执著。偈颂"王令已行天下遍，将军塞外绝烟尘"，描述的是疆土统一，边境安定的景象（只述法、境），比喻只夺境，未夺人。

"有时人境俱夺"，针对我执与法执都重的人，提示他对两者都须破除。偈颂"并汾绝信，独处一方"，是说并州（唐为太原府，治所在今山西太原）、汾州（治所在今山西隰县）两处（包括土地与民众）割据一方，朝廷政令废止不行，比喻既夺人，又夺境。南宋祖咏所编《大慧普觉禅师年谱》绍兴十年（1140）条记载，临济宗杲（1089~1163）对侍郎张久成举问临济"四料拣"谈到"人境两俱夺"时，做出自己的解释，说："打破蔡州城，杀却吴元济。"比喻既夺境（蔡州城），又夺人（吴元济）。吴元济（783~817），唐淮南西道（淮西，后称彰义军）节度使吴少阳之子，父死后擅自继位主持军务，出兵焚掠河南数县，宪宗诏数路军进讨，元和十二年（817）任宰相裴度督率各路军讨伐，十月西路军李愬雪夜率兵攻破蔡州（在今河南汝南），生擒吴元济。(《旧唐书》卷一四五《吴元济传》、《通鉴》卷二四〇）日本柳田圣山译注《临济录》指出蔡州与并、汾二地相距遥远，吴元济未曾占领并、汾，因而"并汾绝信"与吴元济事件没有关系，是正确的。"打破蔡州城，杀却吴元济"与"并汾绝信，独处一方"确实没有直接关系，实际上都是用来比喻"人境俱夺"的。"并汾绝信"作为历史事件，也许是指隋末大业十三年（617）李渊父子从太原起兵，南下占领河西郡（汾州）、临汾郡，最后渡河西上，攻占长安，建立唐朝。对于隋朝廷来说，此时政令已经不在并、汾施行。

"有时人境俱不夺"，对于已经没有人执、法执的人，则做出肯定的表示。偈颂"王登宝殿，野老讴歌"，描绘的是天下太平，四海升平的景象，用以比喻人、境俱不夺。

4. 四照用

义玄对教导弟子和接引参禅者的方法很注意进行总结。学人前来参学，是先观察或试探一下，再用语言或动作进行示意、引导？还是先以某种语句或动作先作引导、示意，然后再观察、估量他对佛法的理解水平和悟境？对此，义玄总结出四种做法，后人称之为"四照用"。"照"具有观照、打量、观察和认识的意思；"用"是作用，特指接引、指导参禅学人所用的言语、动作，包括棒打、声喝，等等。明本《临济录》增加了部分以往版本《临济录》所没有的内容，其中就有这一段：

> 示众云："我有时先照后用，有时先用后照，有时照用同时，有时照用不同时。先照后用，有人在；先用后照，有法在；照用同时，驱耕夫之牛，夺饥人之食，敲骨取髓，痛下针锥；照用不同时，有问有答，立宾立主，合水和泥，应机接物。若是过量人，向未举已前，撩起便行，犹较些子。"

这就是所谓"四照用"。义玄说，他对于前来参禅者，有四种对待方法：一、"先照后用"，即先打量观察一下他的知解情况，然后再酌情用语言或动作予以引导、启示；二、"先用后照"，即先向学人提出某种问题，或向他做出某种动作，看他做出什么反应，然后根据他的表现情况再加以指导、教诲；三、"照用同时"，即一边用语句或动作进行试探，一边随时予以相应的引导和教诲；四、"照用不同时"，即根据学人的情况和参禅的时间、场所，或是"先照后用"，或是"先用后照"。

义玄对于在什么情况下采取哪种方法，用形象的语言做了说明。他说，对于"人执"（我见，认为有我）重的人，用"先照后用"的方法。对于"法执"重的人，用"先用后照"的方法。对于"人执""法执"都重的人，就用"照用同时"的方法，严格地示意他彻底地断除人、法二执，好像"驱耕夫之牛，夺饥人之食，敲骨取髓，痛下针锥"那样，绝不姑息。大概是对于某些身边的弟子或参禅者，采取"照用不同时"的方法。所谓"有问有答，立宾立主，合水和泥，应机接物"等，是禅师接引学人的各种方式，或彼此问答，或互为宾主，气氛融洽，因人施教。他认为，对于那些人、法二执俱无，知解高超的人，就不能轻易套用以上四种方法了。

5. 四宾主

"宾"（客）是指参禅者、学人，"主"在一般情况下是指受参问的禅师。禅僧四处参禅访师，到一个寺院参谒住持禅师——"堂头和尚"，先礼拜，后参禅，提出问题，请禅师回答。禅师有时回答，有时不回答，甚至示之以棒喝；参禅者对于禅师的答语与其他表示，也会根据不同情况做出反应。在一般情况下，受参问的禅师是主，来参者是宾。但在对待佛法问题的认识或悟境上，两者的地位是平等的，谁的认识水平高，谁就占据主动地位，反之，认识错误，或悟境低下，就处于被动的尴尬地位。义玄将这种情况归纳为四种，后人称之为"四宾主"。《临济录》载：

> 道流，如禅宗见解，死活循然。参学之人，大须子细。如主客相见，便有言论往来：或应物现形，或全体作用，或把机权喜怒，或现半身，或乘师子，或乘象王。如有真正学人，便喝，先拈出一个胶盆子。善知识不辨是境，便上他境上作模作样。学人便喝，前人不肯放。此是膏肓之病，不堪医。唤作客看主。
>
> 或是善知识不拈出物，随学人问处即夺。学人被夺，抵死不放。此是主看客。
>
> 或有学人，应一个清净境出善知识前，善知识辨得是境，把得抛向坑里。学人言：大好。善知识即云：咄哉，不识好恶。学人便礼拜。此唤作主看主。
>
> 或有学人披枷带锁，出善知识前。善知识更与安一重枷锁。学人欢喜，彼此不辨。呼为客看客。

"死活循然"，大概是指或陷于被动，或处于主动，情况不定。这里的"死活"不像是指后世禅宗常说的"死句""活句"。"应物现形"，是根据双方的情况而采取灵活的表现。"全体作用"，是采取各种手段，或问答言语，或是动作，或喝，或棒。"把机权喜怒"，是适应不同时机做出或喜或怒的表情。"或现半身，或乘师子，或乘象王"，大概是指佛教传说中的菩萨应机施行教化的不同表现，或在空中现出半身，或骑狮子，或骑大象。引文首先说，禅僧对佛法的理解有不同情况，有时对问题理解正确，有时理解欠当，就会陷于被动。学人参问禅师，双方便不免有语言交谈。禅师为了向参禅者表明自己的见解，给对方以某种启示；参禅者为表明自己的想法或悟境，求得禅师的指点或印可，彼此间都会做出种种语言的与动作的表现。这样，便会发生如下四种情况：

"客看主"或"宾看主"。如果参禅者高明，为试探禅师（"善知识"，意为师友）水平高低，先喝一声，提出一个问题或语句（"胶盆子"）。禅师如果对此不了解，做出不当的答语或表示，又装模作样显出自得的样子。学人便大喝一声提示他自省。他如果不觉悟，表明他的执著严重，不堪就药。此时学人占据主动地位，形成"客看主"的场面。

"主看客"或"主看宾"。在相反的场合，禅师根据学人提出的语句，以适当的答语或动作，向学人指出他欠当或错误的地方，而学人不理解，仍自以为是。这种场合是禅师占据有理的主动地位，此为"主看客"。

"主看主"。如果学人提出一个得体的语句（"清净境"）向禅师提问或做探试，禅师领会其中的奥妙，当场厉声点破；学人立即会意，致礼示敬。此时双方的悟境不相上下，此为"主看主"。

"客看客"或"宾看宾"。如果学人提出有违禅理的语句("披枷带锁"),禅师不仅看不出问题,反而做进一步发挥,双方都认为自己的正确,彼此高兴。在这种场合,禅师与学人都执迷不悟,此为"客看客"。

《临济录》还载有义玄的如下一段语录:

> 道流,如诸方有学人来,主客相见了,便有一句子话,辨前头善知识。被学人拈出个机权语路,向善知识口角头撺过,看你识不识。你若识得是境,把得便抛向坑子里。学人便即寻常,然后便索善知识语,依前夺之。学人云:上智哉!是大善知识即云:你大不识好恶。如善知识把出个境块子,向学人面前弄,前人辨得,下下作主,不受境惑,善知识便即现半身。学人便喝。善知识又入一切差别语路中摆扑。学人云:不识好恶老秃奴。善知识叹曰:真正道流。

这里讲了两种情况:一、学人先向禅师("善知识")提出语句质询试探,禅师能够点出其中奥妙;学人进而又向禅师请教,被禅师巧妙应付过去。双方领会彼此问答的旨意,互相认可。二、禅师先向学人提出语句质询,学人一一领会,能够做出适当反应,禅师也应机做出表示("现半身"本指神通,这里当指禅师的灵活表示)。学人以喝表示进一步质询,禅师立即思考做出回应,双方以不同的语言表示互相认可。学人的"不识好恶老秃奴"与前面"主看主"部分引述禅师的"咄哉,不识好恶"，在这种场合都是戏谑的斥骂。以上两种情况所描述的都是"主看主"。

义玄明确地表示："山僧如是所举，皆是辨魔拣异，知其邪正。"其中的"魔"与"佛"相对，是指"魔说"；"异"指"异端"，指有违于佛教特别是禅宗教义的说法。运用上述四料简，可以辨别正法、邪法，及时发现并剔除违背佛教、禅宗的异端邪说。顺便提及，清初雍正皇帝批判明代临济宗弘忍《五宗救》所写的《拣魔辨异录》，书名当是取自《临济录》，只是将"辨魔拣异"改为"拣魔辨异"。

6. 四喝

义玄在禅宗丛林以喝著称，有所谓"德山棒，临济喝"（见《古尊宿语录》卷八《首山省念语录·住广教录》及卷九《石门慈照语录》）的说法。德山是德山宣鉴（782~865），他教导弟子和接引参禅者时，经常用棒子打。义玄经常大声喝。他曾问身边弟子对他用喝的不同情况如何理解，但又不许弟子做出回答。《临济录·勘辨》记载：

> 师问僧："有时一喝如金刚王宝剑，有时一喝如踞地金毛师子，有时一喝如探竿影草，有时一喝不作一喝用。汝作么生会？"
>
> 僧拟议，师便喝。

"喝"具有提示、示意、警醒及斥责等意，据《临济录》，义玄的喝在不同的场合有不同的含义。对于这不同的含义，未必所有学人都能领会。到底每一种喝具有什么意义，义玄本人也没有做出解释。后世禅僧虽有关于"四喝"的偈颂，但也没有做出具体说明。这里只是就字面意思试做解释。大意是说，义玄有的喝，含有锐利的禅机，如同佛教所说的金刚王手中握的宝剑，锋利无比；有的喝，声音高亢，如同狮子一吼，使百兽听之战栗那样，具有巨大威力；有的喝，如同渔人在探竿上拴上羽毛或某种软草用来探察水中的鱼儿那样，是做试探学人素质、悟境用的；也有的喝，并没有禅机的含义，不起作用。

综上所述，临济义玄作为临济宗的创始人在禅法上要求弟子建立"真正见解"，确立自信，虽以大乘般若空论和佛性论作为自己禅法的理论基础，但在具体表述中带有鲜明的特色：一、强调佛在自身自心，佛性即是自己的精神、心灵，教导弟子不必到自身以外去求佛求法；二、在传法中将佛性、精神、心灵加以人格化，称之为"无位真人"、无形无相的"听法者"、"无依道人"，赋予它以本来清净，具有灵知和绝对独立、自由自在的特征；三、引导僧众以般若空的思想来破除自身的情欲烦恼和世俗观念，以及对传统佛教的经论及其修行方法的执著，提出"心外无法，内亦不可得"，"无佛无法，无修无证"，"若人求佛，是人失佛；若人求道，是人失道；若人求祖，是人失祖"，甚至以呵佛骂祖的极端方式来促使僧众破除妨碍自悟的执著；四、认为佛法不离日常生活，说"随处作主，立处皆真"，"佛与祖师是无事人"，"佛法无用功处，只是平常无事"，主张休歇身心，做一个"无事人"；五、认为最高的解脱境界是使精神达到绝对自由，所谓"不与物拘,透脱自在","去住自由"。义玄在传法和指导弟子、参禅者的过程中总结出一套适应不同对象、问题从事说法和教诲的方式方法,如所谓"三句""三玄三要""四料简""四照用""四宾主"等,被称为"临济施设"或"临济门庭",对后世禅宗有很大影响,但这部分在临济义玄的禅法中并不占主要地位。

在中国禅宗五派中,临济宗成立是最早的。宋代以后禅宗盛行,整个佛教几乎禅宗化了,其中最兴盛的正是临济宗。在沩仰宗、云门宗、法眼宗相继消亡之后,只有临济宗与曹洞宗继续流传。然而在传播范围和对社会文化思想的影响等方面,曹洞宗远比不上临济宗。临济宗尊奉临济义玄为祖,也奉行《临济录》所记述的禅法。相对而言,后世的临济宗禅僧对前述临济义玄的主要禅法思想缺乏足够的重视和诠释,而对于所谓"临济施设"或"临济门庭"的部分却寄予了更大的兴趣,做出了很多新的解释和发挥。应当指出,他们的解释和发挥都受到当时的社会思想和当时流行的佛教、禅宗风尚的影响,所反映的主要是这些禅僧自己的禅法思想。

到底临济义玄提倡的是怎样的禅法思想?原始临济宗的教义是什么?只有通过考察佛教史书中的临济义玄的传记和《临济录》才能得出比较接近真实情况的答案。

【注释】
①以上据《旧唐书》卷一四二、《新唐书》卷二一一及《通鉴》有关记载。

②《大正藏》卷 50，第 773 页下。

③《大正藏》卷 51，第 236 页上。关于马祖，请见《祖堂集》卷十四《马祖传》、《宋高僧传》卷十、《四家语录·马祖录》、《景德传灯录》卷二八《江西大寂道一禅师语》。

④关于裴休传记，《旧唐书》卷一七七、《新唐书》卷一八二有传，但对他何时出京任地方官员没有详载。《旧唐书·裴休传》仅载："会昌中，自尚书郎历典数郡。"日本吉川忠夫《裴休传》（载京都大学人文科学研究所 1992 年出版《东方学报》第 64 册）对《裴休传》有较详考证。他据张又新《东林寺建塔记》（《文苑英华》卷八一六）、裴休《玄秘塔碑》（《唐文粹》卷六二、《金石粹编》卷一一三）、卢肇《宣州新兴寺碑》（《文苑英华》卷八六八、《唐文粹》卷六五）等考定裴休是在会昌元年（841）从朝廷中书舍人之职出任洪州刺史、江西观察使的；会昌三年以后改任潭州刺史、湖南观察使；大中二年（848）改任宣州刺史、宣歙观察使。

⑤关于高安，《旧唐书·地理志·江南西道》、《元和郡县志》卷二八有记述。何明栋《江西禅宗遗迹辨误》（载中国佛教文化研究所 1992 年刊《佛教文化》）引民国吴宗慈《江西八十三县沿革考略》曰："唐武德五年（662）复置宜丰，八年（625）省入高安。直至五代唐保大十年（951），以宜丰旧地为盐步镇，属高安。宋太平兴国六年（981），又分高安之乡天德太平乡、上高之太和宣风乡于镇，置新昌县，属洪州。……民国二年（1913），避与浙江之新昌同名，复故名，

曰宜丰。"

⑥参见铃木哲雄著，日本大东出版社1984年出版《唐五代的禅宗》第二章第三节据《瑞州府志》卷一、《江西通志》卷一二一、《舆地纪胜》卷二七等所做的考证。

⑦请参考王瑛著，中华书局1986年出版《诗词曲语辞例释（增订本）》，第76~77页。

⑧引语见《大正藏》卷48，第380页上、384页中、384页上。

⑨《大正藏》卷48，第380页中、381页上中。

⑩"麻谷"，身份不好断定。《景德传灯录》卷七有马祖弟子蒲州麻谷山宝彻禅师。但从年代来看，不会是向义玄问法的麻谷。卷十二《义玄传》所载麻谷参谒义玄的语录，用小字在"麻谷"名字下注曰："第二世"。

⑪《大正藏》卷51，第253页中下。

⑫《大正藏》卷50，第837页中。

⑬《大正藏》卷50，第837页。

⑭《大正藏》卷51，第294页中。

⑮《大正藏》卷51，第294页下。

⑯日本入矢义高译注《临济录》（211页）的释文认为这一段文字是在临济宗盛行的宋代有人编造的，意为不可信。笔者为谨慎起见，仍作可信的资料使用。

⑰《大正藏》卷51，第295页上。

⑱《大正藏》卷51，第295页上。

⑲⑳《大正藏》卷51，第295页中。

㉑《大正藏》卷51，第295页中。

㉒风穴寺在河南临汝县东北十八里的千峰山麓，在中佛殿内保存有五代后汉乾祐三年（950）所立的碑一通，额题《风穴七祖千峰白云禅院记》，由登仕郎、试大理司直、前守临汝县令兼殿中侍御史虞希范撰，持《妙法莲华经》僧智谦书。碑文中所载匡沼的俗姓、籍贯及经历与《景德传灯录》卷十三、《佛祖历代同载》卷十八（按，尚可参见《古尊宿语录》卷七）所记述的延沼相同，即同为浙江人（但碑文曰浙东处州松阳县人，《景德传灯录》等作余杭人），同姓刘，同时住风穴寺，同随州牧避难于郢州，同有宋太师（宋彦筠）舍第为寺。清代任枫在《风穴志略》中已指出延沼乃匡沼之讹，但未引起人们注意。详见温玉成《碑刻资料对佛教史的几点重要补正》及附录二，载1985年《中原文物》特刊号《魏晋南北朝佛教史及佛教艺术讨论会论文选集》。

㉓见温玉成《碑刻资料对佛教史的几点重要补正》的附录二，载1985年《中原文物》特刊号《魏晋南北朝佛教史及佛教艺术讨论会论文选集》。

㉔《大正藏》卷49，第657页下。

㉕《大正藏》卷49，第660页中。

㉖柳田圣山《临济录》（大藏出版会社1972年出版）《序论》、《临济的话》（日本禅文化研究所1971年10月《禅文化研究所纪要》三）；入矢义高译注《临济录》（岩波书店1997

年第五次印刷)《解说》，秋月珑珉《禅的语录10·临济录》（筑摩书房1979年第三次印刷)《解说》。

㉗《大正藏》卷51，第263页中。

㉘王明校《太平经合校》卷137~153，中华书局1960年出版，第709页。

㉙《大正藏》卷17，第379页下。

㉚ "文殊仗剑"，见《大正藏》卷11，第571页。"鸯掘持刀"，出《鸯掘摩经》，有西晋竺法护的译本，载《大正藏》卷2，第508~510页；另有法炬的译本，题《鸯崛髻经》，载第510~512页；南朝宋求那跋陀罗的译本，题《央掘摩罗经》，载第512~544页。

㉛《大正藏》卷16，第498页上，并参第540页下。

㉜窥基《大乘法苑义林章》卷七《佛土章第六》，原文是："自性身土，即真如理。虽此身土，体无差别，而属佛法，性相异故。以义相为身，以体性为土。以觉相为身，以法性为土。"载《大正藏》卷16，第370页中。义玄未引原文，仅取其大意。

㉝《大正藏》卷12，第485页下。

㉞以上请参考杨曾文编校《敦煌新本六祖坛经》，上海古籍出版社1993年出版；《神会和尚禅话录》，中华书局1996年出版。

㉟《大正藏》卷51，第483页上。

主要参考书目

日本柳田圣山校译:《佛典讲座 30·临济录》,大藏出版社,1972 年。

日本柳田圣山著:《临济随笔录(临济ノート)》,春秋社 1971 年。

日本入矢义高译注:《临济录》,岩波书店,1997 年。

日本秋月珑珉校译:《禅的语录 10·临济录》,筑摩书房,1979 年。

杨曾文校写:《敦煌新本·六祖坛经》,上海古籍出版社,1993 年。

杨曾文编校:《神会和尚禅话录》,中华书局,1996 年。

宋赞宁撰,范祥雍点校:《宋高僧传》,中华书局,1987 年。

五代南唐招庆寺静、筠二禅德编著:《祖堂集》,日本中文出版社,1974 年。

吴福祥、顾之川点校:《祖堂集》,岳麓书社,1996 年。

宋释道原编著:《景德传灯录》,成都古籍书店,2000 年。

宋藏主赜公编著:《古尊宿语录》,台湾新文丰出版公司,

1989年据《嘉兴藏》本影印。

萧萐父、吕有祥校点：《古尊宿语录》，中华书局，1994年。

宋惠洪撰：《禅林僧宝传》，江苏广陵古籍刻印社，1992年据清光绪年间常熟刻经处重刻本影印。

蓝吉富主编：《禅宗全书》，北京图书馆出版社，2004年。

《大正新修大藏经》，日本大正一切经刊行会编，1934年。

后晋刘昫等撰：《旧唐书》（标点本），中华书局，1975年。

宋欧阳修、宋祈等撰：《新唐书》（标点本），中华书局，1975年。

宋司马光编著，元胡三省音注：《资治通鉴》（标点本），中华书局，1956年。